默默无言散异香

廖山涛传

王 涛 著

河北出版传媒集团

河北教育出版社

图书在版编目（CIP）数据

默默无言散异香 ：廖山涛传 / 王涛著 . -- 石家庄 ：
河北教育出版社，2023.10（2025.1重印）

ISBN 978-7-5545-7469-0

Ⅰ．①默… Ⅱ．①王… Ⅲ．①廖山涛（1920-1997）
—传记 Ⅳ．①K826.11

中国国家版本馆CIP数据核字 (2023) 第 012261 号

书　　名	**默默无言散异香——廖山涛传**	
著　　者	王　涛	
责任编辑	吴丽霞	

出版发行　河北出版传媒集团

河北教育出版社　http://www.hbep.com

（石家庄市联盟路 705 号　邮政编码：050061）

印　　制　廊坊市佳艺印务有限公司

开　　本　787mm×1092mm　1/32

印　　张　5.5

字　　数　110千字

版　　次　2023 年 10 月第 1 版

印　　次　2025 年 1 月第 2 次印刷

书　　号　ISBN 978-7-5545-7469-0

定　　价　50.00元

序　一

廖山涛是 20 世纪我国杰出的数学家。他曾获第三世界科学院（现发展中国家科学院）首届数学奖（1986）和我国自然科学一等奖（1987），学术成就高山仰止。但由于性情淡泊、为人低调，社会公众对他知之甚少。王涛博士撰写的《廖山涛传》即有意改变这种状况。

廖山涛早年经历了旧中国的贫弱和战乱，性格刚毅自强。在西南联大求学时，他在寺庙里闭门苦读，破壁拓扑经典，成为同仁间流传的一段佳话；后赴美留学，在陈省身先生指导下获芝加哥大学博士学位，并在普林斯顿高等研究院做博士后研究，留下许多特立独行的故事。1956 年他回到朝夕思念的祖国，受聘担任北京大学教授。廖山涛一腔热血，唯思报国。

1950 年代末，廖山涛敏锐地注意到一个新的学科——微分动力系统正在兴起，即毅然决然从拓扑学转到这个新的学科，成为国际上微分动力系统的几位开拓者之一。他关心的是微分动力系统的一些根本的大问题。由于当时我国与西方基本隔绝，也出于"唯古于词必己出"的理念，廖山涛采取的研究路线与西方很不相同，更一般、更系统也更困难。他相继提出典范方程组和阻碍集两个基本概念，并以此为核心，形成独特的研究体系。在当时的情况下他的研究只能一个人进行，但他的研究成果长期领先于世界。在 1980 年我国《数学年刊》英文版的创刊号上，他的 On the Stability Conjecture（《论稳定性猜测》）一文向世界展示了他的研究成果的一角，犹如石破天惊，无意间为几年后荣获第三世界科学院首届数学奖做了铺垫。廖山涛走得太远太深，以至于理解他的理论和方法需要艰苦的努力。可喜的是，现在一代又一代的年轻人开始掌握和运用他的理论和方法，形成了微分动力系统的中国学派。廖山涛的理论和方法也开始传播到西方，成为微分动力系统的有力工具和宝贵财富。

我有幸成为廖山涛先生的一名弟子，和廖先生有过较多的接触。若问廖先生最主要的精神特点是什么，我认为是他坚忍不拔的意志。他年轻时读书，对最重要的数学经典，要求自己能够熟练到把书本合起来以后，书中内容在脑海中像放电影一样，一幕幕不停地放映出来的程度。1980 年他给学生讲黎曼几何，三个月没有看一眼讲稿。每次几大黑板，只凭一支粉笔。他有讲稿，但放在讲台上，从未打开。高我几届的师兄回忆晚上去廖先生家请教，发现先生的书房关着灯，黑暗中只有一个烟头的小红点间歇地一明一暗。廖先生思考问题不用开灯，白天也闭目长考，一动不动，唯有大脑在顽强掘进。读过他文章的人都为其文章之艰深、困难而惊叹，不知这样的工作是如何完成的，而且多数完成于"文革"期间。当年"文革"之下，纯数学研究被视为政治不正确而扫荡殆尽，余下的少数只能像地下工作那样秘密进行，能坚持到最后者寥若晨星。人们大多知道中国科学院数学研究所陈景润是这样一位奇人，但不知道北京大学数学系廖山涛也是。

由于历史的原因，廖山涛的主要工作是用中文在国内发表的。那时我国与外界隔绝，不可能用英文写作发表。改革开放以后，我国打开国门，廖先生即鼓励他的学生出国留学，扩展国际视野。我时常惊讶廖先生对国外最新文献的掌握。有一年夏天天气很热，图书馆的深处空调达不到，十分闷热，我看到廖先生在那里查阅美国的 Mathematical Reviews（《数学评论》）。今天查阅《数学评论》只需鼠标一个点击，但那时不行。《数学评论》的开本像报纸那样大，字却很小，又厚又重，人搬不动，只能放在一个特制的小台子上。闷热的图书馆深处，年逾古稀名满天下的廖先生像一个研究生那样认真查阅《数学评论》。这个情景，不正是他赤诚的爱国之心和宽广的科学胸怀的高度契合吗？

作者王涛博士告诉我，他一看到廖先生的故事就被吸引住了。为写好这本书，他下了很大的功夫发掘、收集资料，难怪书中许多事情我都不知道。我以极大的兴趣读完了本书的初稿，受益匪浅。希望廖山涛的故事和精神被越来越多的人了解和传播。

文兰

中国科学院院士

北京大学数学科学学院

序　二

　　中国古代有着悠久的数学传统与业绩。然而到了近代，中国在最前沿的数学研究上却落后了。在过去的一个多世纪里，几代中国数学家筚路蓝缕，成功地将现代数学移植到中国。虽然在一些领域国外仍具有历史的优势和重大的话语权，但也有部分中国数学家在若干领域树立了自己的传统，并做出了重大创新工作。例如：中华人民共和国成立后，华罗庚、闵嗣鹤建立起的中国解析数论学派在哥德巴赫猜想等一系列问题上取得了突破性的进展；国人谁不知道陈景润呢？如今更有以张益唐为代表的新一代数论学家薪火相传。

　　本书的主人公廖山涛也是这样一位在自己的研究领域内建立起传统的中国数学家。廖山涛先生早年负笈美国芝加哥与普林斯顿，跟随陈省身、斯廷罗德等名家学习代数拓扑，1956 年回国后任教于北京大学。20 世纪 60 年代初，他从拓扑学转身投入一门新兴的学科——微分动力系统，相继提出"典范方程组"和"阻碍集"两大基本概念，并以此为核心形成了独特的研究体系，成为中国微分动力系统的奠基人与开拓者。回想 20 世纪 80 年代在北京大学求学时，以廖山涛为代表的老一辈数学家不轻易落笔写小文章，但谈起大问题时都是津津乐道，有一种特别原汁原味的数学家精神，给后人留下了深刻的印象。

2020年是廖山涛先生诞辰100周年，北京大学于当年10月为廖先生举办了隆重的纪念研讨会。会上廖先生的诸多同事、学生发表了感言，积攒了一批宝贵的材料。在这种情形下，文兰院士建议在《数学文化》上写一下廖先生，我推荐由王涛博士来承担这项任务。王涛现为中国科学院自然科学史研究所副研究员，他的研究方向是近现代数学史，曾跟随我在南方科技大学做过两年的博士后，我们有一些很有意义的合作。他还是《数学文化》的特约撰稿人，之前为《数学文化》写过几位数学家，所以理所当然地成为一位合适的人选。

在不长的时间内，王涛广泛搜集资料、积极采访相关人物，很快便完成了写作。我有幸在初稿完成时便读到其大作，详细领略了廖先生的生平经历、数学贡献与学术思想。文章于2021年在《数学文化》第12卷3—4期连载刊出，反响不错。如今这篇文章集结成小册子出版，期待更多的读者可以通过阅读此书来了解廖山涛这位平凡而又伟大的中国数学家。

汤涛

中国科学院院士

北京师范大学-香港浸会大学联合国际学院

目 录 | Contents

引　言

　　1986年2月22日，北京大学数学系收到了一封来自意大利的电报。发报人为第三世界科学院①院长、诺贝尔物理学奖获得者萨拉姆（A.Salam，1926—1996），收报人为廖山涛教授。电报全文如下：

　　廖山涛教授：
　　　　我高兴地通知您第三世界科学院决定把1985年数
　　学奖授予您，以表彰您在球面上的周期变换与动力

廖山涛荣获第三世界科学院首届数学奖

---

①第三世界科学院成立于1983年，总部设于意大利的里雅斯特，2012年更名为世界科学院，曾用名发展中国家科学院（2004—2012）。中国科学院原院长白春礼曾于2013—2018年担任世界科学院院长。

系统的定性理论这两个不同的数学领域中所作的基本贡献。

此奖为本科学院首次颁发，金额为 10,000 美元，并将在 1986 年 10 月 26 日的一个仪式上授予。

请接受我最热烈的祝贺。

第三世界科学院院长：萨拉姆

诚然，中国数学家现在获得国际大奖已不是什么新闻。然而廖山涛当年获得的这项奖励，是改革开放之初中国数学界获得的第一个重要国际奖项，有着"零的突破"的重要意义。更重要的，在那时中国数学界重新开放、努力向国外学习之际，廖山涛却在微分动力系统领域走出了一条自己的道路。陈省身称赞廖山涛：对微分动力系统有独特的贡献。某些方面，如"典范方程组"及"阻碍集"等超出西洋。钱学森将廖山涛的微分动力体系作为他构建系统科学的基础，并

廖山涛（1920—1997）

特别指出这是中国数学家自己提出的理论。曾担任过国际数学联盟主席的帕里斯（J.Palis，1940—）更是对廖山涛推崇备至，他在2002年北京召开的第24届国际数学家大会的开幕式上特别讲道："中国数学这棵大树是由陈省身、华罗庚、冯康、谷超豪、吴文俊和廖山涛，以及最近的丘成桐和田刚等人培育和奠基的。"

廖山涛的影响和声誉是国际性的。由于廖山涛生前过于低调，有关他的报道与介绍极少，他的传奇经历几乎不为人知，他的学术贡献还没有被深刻认识，他的很多想法尚未被全面理解。然而数学不会忘记，历史不会忘记，那个经常穿着一件蓝色上衣、默默无言以至成为其自然状态的数学家——廖山涛。

廖山涛的一生，是纯粹学者的一生，是理想主义的一生。他从不主动报奖，也不申请科研项目，更不会去追求所谓的SCI论文。他真正将论文写在了祖国的大地上，为中国数学的发展贡献了自己一生的力量。廖山涛，在今日中国值得我们反复学习，大书特书。

第一章　联大肄业生

1.1 从逃学到自学

1920年1月4日，廖山涛出生于湖南省衡山县后山片区的一个农村，为家中长子。当时的衡山县比现在要大，是今天衡山县、衡东县、南岳区的合体。1966年衡山县湘江东岸地区析出为衡东县，1984年南岳镇等部分乡镇析出为南岳区。衡山县地处湖南省中部偏东，因横亘于县境中部的南岳衡山而得名。

根据中国古代天文学，衡山位于二十八宿的轸翼之间，如衡器般可以称天量地，故名衡山，当地人则称之为南岳山。又据《南岳志》记载，南岳72峰绵延800余里，以衡阳回雁峰为首，长沙岳麓山为足，而位于衡山县境内的祝融峰则为其绝顶。南岳衡山整体呈东北—西南走势，将衡山县天然分成两个片区，其中东南方向为前山，西北方向则为后山，两区以祝融峰下南天门为界。前山片区有湘江流经，交通较为发达；后山片区虽然交通不便，却异常重视读书。

据《衡山廖氏八修族谱》记载，廖山涛的先祖为元朝时的廖思政。廖思政又源自唐末五代时的廖爽。廖爽曾任南楚衡州太守，拜丞相，进爵南阳郡开国侯，食邑衡山。廖爽十子，长子匡图，以文藻知名，为楚天策府十八学士之一，有文集十卷。除匡图外，尚有廖凝、廖融、廖邈。一门风雅，擅长诗词。自五代以来，衡山廖氏一直为著述世家。五世时廖瑞由衡山迁往江西，至八世廖思政复回衡山，卜居龙溪一都。

廖山涛的祖父叫廖六铭，原名树勋，谱名先声，从九品，因保举军功六品获得五品翎顶。祖父的原配为刘氏，生有一子；继配李氏，生有四子。廖山涛的父亲廖子豪为祖父与李氏所生第二子，原名嘉蟠，谱名哲谋。受家族与后山片区热

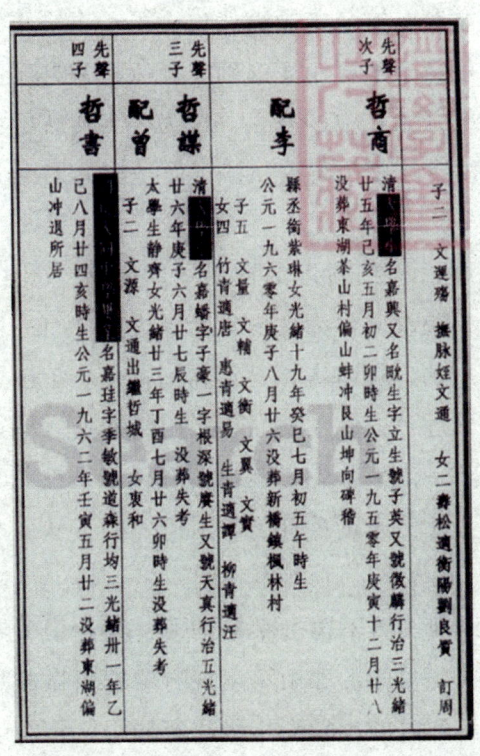

衡山廖氏族谱（八修）中关于廖山涛父亲的记录

爱读书风气的影响，廖子豪是清末时的太学生，精通诗文与算术，对廖山涛的教育十分严格。

根据廖氏班行"思法，景茂荣廷士大昌，邦家定国永安康，绍修先哲文章焕，克笃前功继序良"，廖山涛的谱名为文源，为衡山廖氏第21代。此外，廖山涛还有一个弟弟廖文通、妹妹廖衷和（后改名为廖冰明）。廖山涛的母亲曾平是太学生静齐的女儿，属于中国传统的贤妻良母，终日勤于家务。这种严父加慈母的家庭熏陶了廖山涛倔强和善良的性格。

20世纪初的中国正处于激烈变革的时期。1904年，清政府颁布了癸卯学制，这是中国近代史上第一个真正实行的学制，标志着近代新式教育制度的确立。废科举办学堂兴起以后，私塾与学校开始在中国并存。作为一名传统的中国知识分子，父亲并没有让廖山涛读私塾，而是在1927年送他到家乡的小学读初小。

两年后，廖山涛到附近的白山小学读高小。白山小学1903年由白山书院改立，为衡山县新学之始。有一段时间廖山涛学习极不用功，算术考试甚至得过0分。学校里的老师因为是熟人面子过不去，才勉强让廖山涛毕业。毕业后父亲安排廖山涛跟随一位家塾先生继续学习，结果没几天廖山涛竟然逃学了。为此父亲重重打了廖山涛一顿，从此廖山涛再也不敢逃学了。

几个月后，廖山涛不再去私塾读书，开始用父亲给的一本四则算术应用题自学。廖山涛发现有些题目做起来非常困难，比他后来见到过的小学高年级甚至初中一年级的所有正式算术教本都难得多，根本不知道怎么做。对于做不出的题目，廖山涛会隔一天再去思考，慢慢地可以做出一些题目。久而久之，廖山涛发现所有的问题都不再困难，并且可以相当快地做出来。这件事情对廖山涛产生了一定的鼓励作用。

自学了几个月以后，廖山涛于1932年上半年离开家乡，到位于衡阳的湖南私立道南中学（今衡阳外国语学校）读初中。道南中学是衡阳的一所名校，名字取自北宋著名理学家程颢送别弟子杨时的感言。据《宋史·杨时传》记载：时调官不赴，以师礼见颢于颖昌，相得甚欢。其归也，颢目送之曰，吾道南矣。程颢去世后杨时又从师其弟程颐，有一次杨时去拜见程颐，程颐偶然闭目休息而坐，杨时侍立门外一直没有离开，程颐醒来后发现门外下雪已一尺深了。这就是"程门立雪"典故的由来。由于廖山涛此前已经养成了自学的习惯，因此在道南的学习基本没有遇到什么困难，甚至可以说是一帆风顺。

1935年，廖山涛顺利考入湖南省立长沙高级中学（简称长高，今长沙一中）。长沙高级中学创始于1912年，是湖南当时最好的高中之一，也是中国第一所同时开设初中与高中的学校。长沙一中的学风优良，百年来从这里先后走出了毛泽东、朱镕基、周谷城等党和国家领导人，黄仁宇、周策纵、黎澍等学术大师以及廖山涛、唐稚松、陈希孺等18位两院院士。廖山涛入学时可能没有想到，在他以长高为荣的同时，有朝一日母校也会为他喝彩。

在长高一年级的某次平面几何测验中，廖山涛觉得老师把自己的一道题目判错了。当时廖山涛想找老师理论，但略微有些害怕，再加上那时许多老师是"跑教"，即上节课在一个学校教书，下节课则可能坐着黄包车到其他学校去了。考虑到老师很忙而且学生也多，廖山涛突然冒出了一个想法：与其找老师去谈，不如自己设法学得更好些。于是，廖山涛开始到长沙的商务印书馆与中华书局购买有关平面几何作图与轨迹问题的专门参考书。

经过一年半的课外时间，廖山涛几乎读遍了市面上的数学参考书。给廖山涛留下最深印象的是中华书局的一本名为《几何作图题解法及其原理》的译著，原书作者是丹麦数学家彼得森（J. Petersen，1839—1910）。彼得森在图论的早期研究中做出了重要贡献，图论中有以其姓氏命名的图和定理。特别是彼得森图非常知名，其最为人熟知的造型为一个五边形内包含一个五角星。

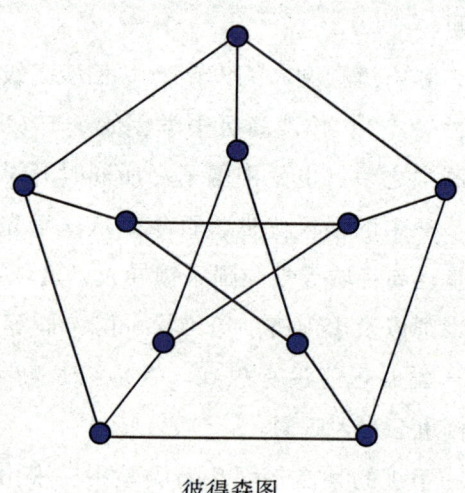

彼得森图

彼得森这本著作的译者是余介石，早年毕业于东南大学数学系，主要从事中等数学教育和教材的编写工作，翻译有多部经典的数学普及著作。译著在每章的开头用加粗字体介绍一些原理，这些原理字数不多，写得很精练，接着便是用小号字体给出的题目，累计有420道。廖山涛初看时完全不懂，感觉不着边际。

廖山涛按着当年在衡山自学时的路子，问题不会时便停下来，思考几天后再去做，觉得略微懂了些。彼得森到底是数学家，他的著作与其他参考书有很大不同，主要目标是讲述思想与方法。因此对于其中的问题只提供思路，细节则需要读者去补充，这点很对廖山涛的胃口。过了一段时间，廖山涛终于看懂了第一章的原理，逐渐能做出一些题目。慢慢地，廖山涛竟然将这本书读完了，并做出了绝大部分的题目。

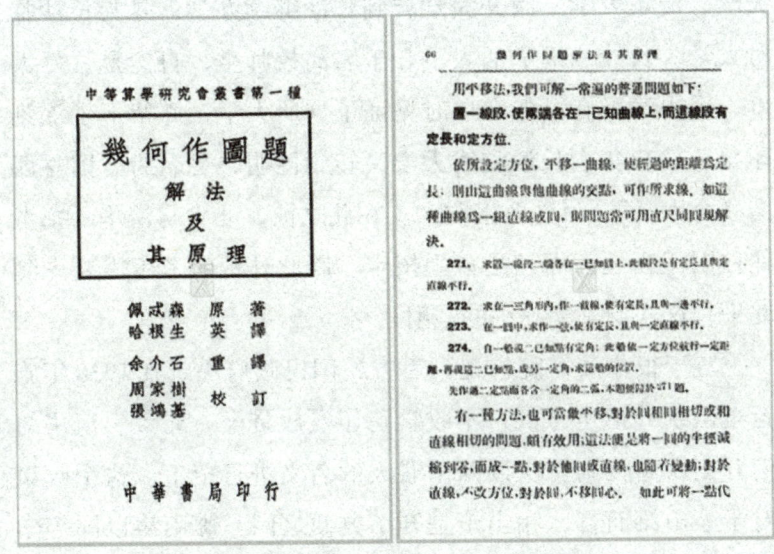

《几何作图题解法及其原理》的封面与其中的一页

对于其中特别困难的问题，廖山涛想想停停，前后用了七、八个月的时间才解决。

这件事对廖山涛的影响很大。廖山涛已经逐渐不满足于考虑数学课本中分散的问题，转而喜欢大段的系统学习。廖山涛特别喜欢独立学习，但未能从长高毕业。1937年冬，廖山涛离开长高，原因不得而知。可能是廖山涛想要更好地自学，或是其他几种因素共同作用的结果。因为在当年11月，日军首次轰炸了长沙，衡山县也开始遭受空袭警报。全面抗战的爆发，多多少少改变了廖山涛的生活。

1.2 从联大到中学

1937年七七事变以后，日军迅速攻陷了平津两地。北京大学、清华大学、南开大学转到长沙继续办学，是为长沙临时大学。长沙一下子涌入了几千名高校师生，自然是一件大事。廖山涛极有可能在这时见证了这所大学，并留下了深刻印象。1938年春长沙临时大学又转到昆明，更名为"国立西南联合大学"，简称西南联大。在此之前，北大与清华的招考往往限于当地，而且是自主招生。因此外地的考生需要先到北平，这需要一笔不小的钱财。

鉴于很多高等院校迁到后方，国民政府决定在1938年施行全国统一招生考试，不收学费还发放贷金。北大、清华与南开三所高校则首次以西南联大的名义进行招生。这个政策对于廖山涛而言，相当于是开了方便之门。廖山涛以同等学力报考西南联合大学数学系，成绩据说是湖南省第一名。据廖山涛在西南联大的同学、日后成为著名翻译家的许渊冲（1921—2021）[1]初见廖山涛时的印象"廖山涛穿一件土布大褂，说一口不好懂的湖南土话，谁也看不出他是数学系考第一的新生，后来会得到第三世界科学院的数学奖"可以确定廖山涛的高考成绩一定是非常优异的。

1986年，廖山涛荣获第三世界科学院首届数学奖

　　由于西南联大从长沙迁往昆明费了一些时间，所以新生入学的时间也相应推迟。当年冬天，廖山涛从衡山出发到达桂林，住在青年会办的流亡青年寄宿站。寄宿站是一个大通间，放着二十多张床，凭证件可以免费住宿。廖山涛在这里遇到了两位同去西南联大报到的新生，一位是数学系的邓汉

---

[1]许渊冲，江西南昌人，北京大学教授，曾获"翻译文化终身成就奖"与国际翻译界最高奖项之一的"北极光"杰出文学翻译奖。

英（1919—2007），江苏苏州人，后任教于南开大学数学系，并曾担任系主任；另一位则是外语系的许渊冲，前面提到许渊冲初次见到廖山涛，即发生在桂林的寄宿站。

廖山涛与邓汉英、许渊冲决定首先到柳州，那里是广西的交通枢纽。他们一同去买到柳州的汽车票，由于走这条路的人太多，足足花了12个小时才挤到票。当时从柳州到昆明有两条路，一条是先出镇南关到越南河内，再从滇越铁路到昆明。这条路线十分方便，然费用较高；另一条是先乘汽车到贵阳，再转赴昆明，费用虽低但不好抢票。很多人日夜排在售票处，一旦开始售票便蜂拥而入，艰难情形可想而知。

为了省钱，廖山涛他们多次去抢到贵阳的汽车票。许渊冲由于个子高、力气大，在人群中挤了半天居然买到了一张票，而廖山涛与邓汉英则只能自叹不如。为了不影响报到期限，廖山涛与邓汉英最后不得已选择了途经越南的路线，终于在时间截止前赶到学校。世间还真有这等巧事，他们3人又被分到了同一间宿舍——昆中北院22号宿舍。其中廖山涛睡左边靠窗的第一个床位，邓汉英则睡进门左边第一个床位。

许渊冲知道廖山涛的数学好，便有心要考考他。有一次许渊冲用6条直线画出了20个三角形，非常得意，便问廖山涛能否做到。这个问题对廖山涛而言实在是太过简单了，廖山涛直接回答说只要6条直线中没有平行线且不相交于同一点，总可以画出20个三角形。许渊冲是文科生，廖山涛说的道理他辩不过，心里很不服气，直到后来得知廖山涛获得第三世界科学院首届数学奖时，才不得不承认服输。不过他只承认输了名气，因为其中的道理他始终没弄明白。

西南联大实行的是通才教育，大一学生不分院系共同学习公共必修课：普通微积分、普通物理、普通化学、国文、英文、历史、体育等。廖山涛的微积分课程是由姜立夫讲授的。对于数学系的学生而言，微积分不足70分者不得升入二年级，只能转系或重读。从二年级开始，各系学生逐渐开始学习专业课程。数学系的专业基础课是"三高"，即高等微积分、高等代数与高等几何。只有"三高"通过了，才算是真正进入了数学系。

数学系当时名师云集，不仅有姜立夫、杨武之、江泽涵等重量级元老，还有华罗庚、陈省身、许宝騄①等学术新星。其中对廖山涛影响最大的是数学系主任江泽涵。江泽涵是最早将拓扑学引入中国的数学家，堪称中国拓扑学的第一人。1939—1940年，江泽涵在数学系组织了拓扑学讨论班，参加的人有教授陈省身、程毓淮、刘晋年、申又枨，助教孙树本，研究生王湘浩、李盛华，本科生廖山涛等。

拓扑学是一门研究拓扑空间的学科，主要研究空间在连续变换下保持不变的性质，大致分为点集拓扑、代数拓扑、微分拓扑与几何拓扑等领域。例如在拓扑学中，一个茶杯和一个甜甜圈被视为是相同的，因为它们都只有一个孔。作为20世纪发展起来的一门新的数学分支，拓扑学被公认为比较难学。初学者往往不知所云，入门者常感云山雾绕，庸碌者只能说无甚用处。能在本科时就参与拓扑学的前沿讨论班，可以想见廖山涛的数学水平。在江泽涵的影响下，廖山涛步

---

①许宝騄在廖山涛入学时尚在英国攻读博士学位，1940年底回国并被北京大学聘为教授。

入了拓扑学这座深奥殿堂的大门。

与江泽涵（中）、程民德（右）在杭州（1981年）

拓扑学在20世纪30年代取得了迅猛发展，由于抽象代数工具的大量进入，代数拓扑逐渐成形，其标志性的事件是两部经典著作的问世。一本是塞弗特（H. Seifert，1907—1996）与施雷发（W. Threlfall，1888—1949）于1934年出版的《拓扑学教程》（*Lehrbuch Der Topologie*），江泽涵于1947年将其翻译为中文。另一本是亚历山大洛夫（P. Alexandrov，1896—1982）与霍普夫（H. Hopf，1894—1971）于1935年出版的《拓扑学Ⅰ》（*Topologie Ⅰ*）。要想系统了解当时拓扑学的最新进展，那就必须阅读这两本著作。

进入西南联大以后，廖山涛对自己提出了更高的要求，对自己认为重要的数学著作进行前后一贯的系统学习。廖山涛所说的前后一贯，指的是除了思维有条不紊外，还必须熟练到把书本合起来以后，书上的内容在脑海中像放电影一样，一幕幕不停地演出来的程度。廖山涛坚持这样锻炼自己，以至于这种学习方法深刻影响了他一生。为了学习拓扑学，廖山涛决定系统阅读几本拓扑学著作，特别是前面提到的那两本经典名著。

西南联大的数学书刊分归三校所有。为了防止日军轰炸受损，南开将运抵昆明的数学资料存放在郊区的西山华亭寺海会塔。书刊可供师生阅览，但不能外借。廖山涛与同班好友江泽坚经常到西山华亭寺去读书，甚至住在那里，这样就免不了逃学。廖山涛在读书时往往把书略微一翻，然后看定义、定理的陈述，但对于证明，则要求自己去想，绝不许自己轻易去看现成的。和廖山涛类似，江泽坚的学习方法也是全凭自己，连课都不爱听，自称在西南联大时期"自由散漫、不守绳墨"。

值得一提的是，江泽坚是江泽涵的同族堂弟，两人籍贯都是安徽旌德，只不过江泽坚出生在上海。江泽坚还有一个胞弟江泽培，1941年也考入西南联大。历史竟这般有意，安排三位同族兄弟在西南联大相逢。江泽坚后来于1952年和王湘浩、徐利治等到吉林大学创办数学系，在长春开拓出一片泛函分析的天地。江泽培毕业后长期任教于北京大学数学系，主要从事概率论与数理统计的研究，曾在原子弹的理论设计中做出过重要贡献。

由于缺课较多与不耐管束，廖山涛有多门课程不及格。加之廖山涛在考试时常用一些自己的方法，阅卷的助教看不明白，又害怕廖山涛去找任课教授理论，有时只给他一个及格分数。在长高时廖山涛即对此类事情不以为意，到西南联大后则更不关心。

那时廖山涛的妹妹廖冰明正在湖南郴州师范学校读书，要给廖山涛介绍对象，并询问他的要求。廖山涛回答说只要不与自己吵架即可。廖冰明说自己有个同学叫汪鸿仪，甚是贤惠。在妹妹的介绍下，廖山涛与汪鸿仪于1942年春节之际在衡山举行了婚礼。他们共育有3个儿子，长子廖章钜、次子廖章林、三子廖秀北。婚后汪鸿仪承担了绝大多数的家务，默默支持着廖山涛的工作，从未与廖山涛吵过架。廖山涛后来能取得这样的成就，汪鸿仪功不可没。

廖山涛与夫人汪鸿仪

西南联大"外松内紧",既鼓励师生发扬个性,又建立了严格的管理制度。教务部门规定如果部分课程不及格,毕业年限将会受到直接影响。那时休学非常普遍,很多经济困难的学生在昆明找不到兼职,只好办理休学到外地去教书以补贴生活。1942年春,廖山涛从西南联大肄业,到云南呈贡县中山中学任教。3个月后廖山涛返回衡山,不久后又到位于湘乡霞岭的明德中学任教。

明德中学创办于1903年,是湖南省的一所名校,时有"北南开,南明德"之美誉。百年来,从明德走出的名人不计其数,其中院士有近20人,如著名数学家丁夏畦。全面抗战开始以后,明德中学迁到衡山、湘乡、湘潭交界的霞岭继续办学。

在明德中学,廖山涛主要讲授几何学,用乡音很重的普通话授课。廖山涛讲课时不像其他教师那样注重板书和教学方法,但逻辑严谨,不时引出一些问题让学生们思考。其中有一位叫作李传信的学生,后来成了清华大学的党委书记,对廖山涛的印象极为深刻:

"学校虽然处在偏僻乡村,设在与曾氏祠堂相邻的一座砖木建筑中,但教师阵容很强,其中对我影响深远的是新来的廖老师。我多少有点迷上了几何,不满足于完成作业,有时课后我去找廖老师请教一些问题,他也提出一些问题或题目让我思考和练习。廖老师住在学校那座建筑的大天井周边檐下一层的一间小屋内。我们相互比较熟悉后,我偶尔到他室内坐坐，从他那里第一次知道拓扑学这个名词，数学有学派，数学和哲学有关系，我还模糊记得他谈到奥地利的一个学派。虽然我对这些事的内容一无所知，但还是留下了深刻的印象。我注意到在他的书桌上有几本精装的数学原版书，在桌上还常摊着某本书。看来他是因事回到家乡，暂时到明德中学来教书的，同时在独立学习研究。"

李传信很佩服这位廖老师，坦言通过他才知道一点什么是学术和做学问。1943年夏，廖山涛返回昆明，与江泽坚一同到西山华亭寺自学拓扑。一年之后，廖山涛转到昆明东郊的私立金江中学任教，同时仍独立学习做研究。豫湘桂战役开始以后，日军向长沙和衡阳大举进攻，明德中学不得已再度搬迁。李传信离开学校辗转广西、贵州与云南，最后以高中二年级的资格考入西南联大，师生有缘在昆明再度见面。每次李传信去拜访廖山涛时，廖山涛都留他"打牙祭"。其实那时物价飞涨，廖山涛自己的生活也很清苦。但他一面教书，一面仍独立学习研究。

第二章　师从陈省身

2.1　到中央研究院

抗日战争胜利以后，廖山涛离开金江中学，寄寓在江泽坚任教的南菁中学，期间仍坚持自学拓扑，后返回衡山。1946年，西南联大结束了历史使命，三校师生陆续迁回平津。江泽涵一直惦记着廖山涛，利用复员的机会，将他聘请到北京大学数学系担任助教。那时陈省身刚从美国访问回来，恰好正在筹备中央研究院数学研究所的姜立夫要出国访问，便委托陈省身来代理筹备处主任。1947年7月，数学所正式成立，姜立夫为所长，陈省身为代理所长。

廖山涛与导师陈省身合影（1985年）

彼时陈省身仍是清华大学的教授。由于杨武之患病留在昆明、华罗庚出国访问等缘故，清华数学系的师资颇为紧张。有鉴于此，陈省身于1947年3月返回清华讲课一学期。当年5月，江泽涵邀请陈省身来北大作报告，主题是拓扑学。当陈省身讲到射影平面不能嵌入三维欧氏空间时，廖山涛询问为什么，陈省身回答说是因为亚历山大对偶定理（Alexander duality theorem）。

没过几天，廖山涛在街道上遇见了江泽涵、陈省身两人在一起。陈省身询问廖山涛是否愿意到中研院数学所工作，廖山涛回答说愿意。为了支持陈省身，江泽涵这次甚是割爱。除廖山涛外，还推荐了马良与孙以丰，他们都是江泽涵拓扑讨论班的重要成员。当年暑假，廖山涛与马良、孙以丰一起到中研院数学所报到。

到了数学所以后，廖山涛发现除了他们3人以外，还有周毓麟（大同大学）、叶彦谦（浙江大学）、陈杰（四川大学）等年轻人。廖山涛与叶彦谦分在了一间办公室。原来数学所在成立之前，陈省身曾致函全国各著名大学的数学系，请他们推荐3年内毕业的优秀学生。很快，数学所就聚集了一批像廖山涛这样的年轻人，职称均为助理员。

1947年在中研院数学所合影
（左起：廖山涛、林炁、陈杰、孙以丰、周毓麟）

中研院数学所聘有专职与兼职的高级研究员。专职研究员为李华宗，专长微分几何。兼职研究员有陈建功、苏步青、华罗庚、许宝騄等人，其中陈建功曾专门到所工作一年。助理员们对陈建功的办公室印象极为深刻，因为推门进去后酒味浓重。数学所里盛传要想做陈、苏的学生必须学会喝酒。而陈省身则喜欢下围棋，周围弟子下棋成瘾，而且下棋很"数学"，棋盘没有边界，甚至可以是圆筒和莫比乌斯带。

1948年初，中研院数学所从上海迁到南京九华山。到南京后，数学所又聘了副研究员胡世桢与王宪钟、助理员杨忠道。胡、王两人博士毕业于英国曼彻斯特大学，研究方向均为代数拓扑，导师同为纽曼（M. H. A. Newman，1897—1984），人称"曼彻斯特双雄"。杨忠道毕业于浙江大学，由苏步青推荐到数学所工作。至此，数学所基本完成了从研究员、副研究员到助理员的人才配备，可以开展系统的学习与研究工作了。

代数拓扑在20世纪40年代取得了进一步的发展，主要是纤维丛与示性类的概念和理论。陈省身决定以这一学科培养新人，每周为助理员们讲授代数拓扑课程，胡世桢与王宪钟则辅助陈省身上课。集中如此一大批年轻人去学习和研究拓扑学，在当时的中国是史无前例的。廖山涛记得陈省身讲过艾伦伯格（S. Eilenberg，1913—1987）的广义同调论，惠特尼（H. Whitney，1907—1989）的上积与卡积，霍普夫空间的同调性质等，内容十分新颖。

虽然廖山涛此前认真学习过几本拓扑学著作，但那些内容到了40年代已经有些过时，而陈省身讲的内容则令廖山涛大开眼界。到数学所后不久，廖山涛便写出了论文《纤维空间维数的一些定理》（Some theorems on the dimension of fibre spaces），内容是关于纤维空间的维数，刻画了纤维空间、底空间与投影逆映射的关系。陈省身得知这个消息后非常高兴，但同时又告诉廖山涛这个题目的意义不大，不值得继续研究。那篇论文后来在《美国数学杂志》（Amer. J. Math.）发表，成为廖山涛发表的第一篇数学论文。

陈省身有时会和廖山涛同路回家，经常给廖山涛讲拓扑学中好的工作。有一段时间，廖山涛没有做出新成果，却又评论某人的工作无意义。陈省身便对廖山涛说，既然如此为什么自己不做呢？从这件事情上，廖山涛知道陈省身一方面鼓励研究，另一方面又不允许原地踏步。

1948年10月，中国科学社、中国自然科学社、新中国数学会等十个学术团体在南京组织了联合年会。由于当时社会动荡，到会的数学家很少，使得这次会议几乎成了陈省身及其弟子们表演的舞台。这次会议共宣读论文27篇，其中有廖山涛报告的《关于纤维束度数之研究》《不密 ANR 空间之研究》，他开始在数学界崭露头角。

在第一个报告中，廖山涛建立了具有特定性质的纤维空间、基底空间，以及从纤维空间到基底空间的投影三者之间的联系，并给出了纤维空间具有相同维数的充分条件。第二个报告刻画了两类特定类型的空间是绝对邻域收缩核（Absolute Neighbourhood Retract，简称 ANR）的充要条件。ANR 由波兰数学家波尔苏克（K. Borsuk，1905—1982）引入，是代数拓扑学同伦论中的重要概念和理论。

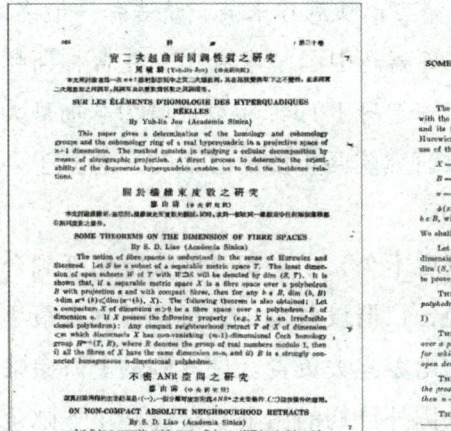

廖山涛在中央研究院时期的成果

廖山涛之前读书极为用功和努力，基础打得很扎实，可以说是犹如岩石一般坚硬。然而想要真正成长为一名数学家，还需要一位大师来点石成金。幸运的是，廖山涛遇到了陈省身。在陈省身的提点下，廖山涛开始上道了。

2.2 中转站——台湾

南京召开十学术团体年会时，国民政府的处境日益艰难，不仅东北局势无可挽回，中原一线亦将面临崩塌。根据最新的研究成果，鉴于形势剧变，陈省身首先联系了美国的学术同行请求帮助，继而普林斯顿高等研究院的奥本海默（R. Oppenheimer，1904—1967）①院长在 10 月底发来了那封著名

①奥本海默，美国理论物理学家，二战期间参与曼哈顿工程，主持设计制造原子弹的洛斯阿拉蒙斯实验室，并因此被誉为美国的"原子弹之父"。二战后他长期担任普林斯顿高等研究院院长（1947—1966）。

的电报：如果我们做什么事可以便利你来美，请告知。最终，陈省身于1948年12月31日离开中国举家赴美。在普林斯顿高等研究院短暂停留后，陈省身于1949年夏被聘为芝加哥大学数学系的教授。在中央研究院两年多的心血与辛苦弃于一旦，陈省身的心绪十分悲凉。

十学术团体年会结束后不久，中央研究院决定搬迁到台湾。数学所由于成立最晚，仪器设备也少，反倒被列入最早搬迁之列，具体迁移工作由姜立夫负责。许多刚从上海搬来的箱子也不用打开了，从国外订购的图书、杂志甚至连邮包都不用拆，直接运走。廖山涛这些助理员则每天忙着打包裹。胡世桢与王宪钟刚到数学所不久，不愿意去台湾。胡世桢叹息："哎呀，早知如此，我何必回国呢，直接从英国去美国不就行了？"

实际上，陈省身在出国之前一直惦记着所里的研究人员。那时李华宗因病到澳门休养，不幸在第二年离世。胡世桢与王宪钟是英国毕业的博士，且有不错的研究成果，在美国找到工作应该不难。而那些助理员们正在成长时期，放弃实在让人心痛，为此陈省身做了详细安排。陈省身计划让周毓麟、廖山涛跟随数学所先到台湾，然后再到美国跟随他攻读博士。结果周毓麟考虑到台湾远离乡土，更兼自己刚刚结婚不久，当场拒绝。廖山涛愿意继续研究拓扑学，他在几个年轻人当中成家较早，便把夫人和孩子送回了湖南老家，决定先到台湾。胡世桢、王宪钟答应帮陈杰、杨忠道在美国寻找奖学金，因此陈、杨也同意去台湾。至于周毓麟他们，陈省身写信给段学复，请他将这些人收到清华大学数学系。

廖山涛（前左1）、夫人汪鸿仪（前左3）、长子廖章钜（前右1）、长媳李凤琴（前右2）、次子廖章林（后右2）、二儿媳刘晓雁（后右1）、孙子廖侠（前左2）、三子廖秀北（后左1）于1991年在中关园

　　1949年2月，廖山涛同数学所的图书一同迁往台湾。数学所到台湾的共计有姜立夫、胡世桢、王宪钟、廖山涛、杨忠道、陈杰6个研究人员。初到台湾时，数学所被安置在台南桃园杨梅镇的一个仓库。廖山涛等几位年轻人将书箱排在一起，上面摆放一个榻榻米，作为自己的床铺。仓库的屋顶非常高，窗户却很小，大门一关里面什么也看不见，几盏昏暗的电灯根本不起作用，再加上杨梅镇的风很大，因此仓库非得关门不可。

　　经过努力，廖山涛他们在台北厦门街台湾大学的一个招待所里，找到了一间六榻榻米大的房间。由于房间没有壁橱，四个人睡在四个角落，让皮箱堆在中央。虽然如此，还是比在杨梅镇好多了，至少在白天可以上公园、逛街、逛书店。

那时的条件异常艰苦，想找一个地方坐下来写封信都很难，至于做研究更是谈不上了。

不久后数学所也搬迁到台北，租用台湾大学数学系的一个研究室办公。台湾大学在日占时期并没有数学系，只有松村宗治（S. Matumura，1887—1959）与加藤平左术门（Heizaemon Kato，1891—1975）两个日本数学教授，分别研究微分几何与"和算史"[①]。抗战胜利后台湾光复，罗宗洛、陆志鸿、马廷英、陈建功、苏步青、蔡邦华等教授奉命接收台湾大学。其中陈建功曾短暂担任台湾大学的教务长并代理校长职务，苏步青曾短暂担任台湾大学理学院的院长并创办了数学系。台湾大学接收完毕后，两人于1946年4月离开台湾返回浙江大学。

陈建功与苏步青离任后，数学系主任由沈璿接替。那时台湾大学数学系的师资非常薄弱，只有沈璿、施拱星、许振荣、项黼宸等人，连一个正教授都没有。数学所迁到台北以后，台湾大学的数学人员增加了一倍。由于搬迁的缘故，数学所的所有迁台人员均晋升了一级职称：胡世桢、王宪钟从副研究员晋升为研究员；廖山涛、杨忠道、陈杰从助理员晋升为助理研究员，相当于大学里从助教升级成讲师。

当年夏天，姜立夫以向广州国民政府汇报工作为由返回广州，随即以身体有恙电令家人到广州照顾。胡世桢在美国找到工作，离开台湾。陈杰因惦念未婚妻，取道广州回到四川。廖山涛与杨忠道则开始在台湾大学数学系兼任讲师。后来曾担任过中央研究院数学研究所所长的刘丰哲回忆，他

[①] "和算"是日本传统数学的统称，正如中国传统数学的统称为"中算"一样，和算的发展深受中算的影响，其历史则简称为"和算史"。

50 年代在台湾大学读书时曾在一个旧书店里看到一本德文拓扑学的著作,打开后发现上面有廖山涛的印章。这一时期廖山涛发表了 2 篇论文,署名单位则为中央研究院与台湾大学,主要涉及同伦论的内容。

姜立夫返回广州以后,数学所的所长由中央研究院总干事周鸿经代理。周鸿经出生于 1902 年,江苏铜山人,1927 年毕业于东南大学算学系,先后在厦门大学与清华大学任教,1934 年到英国伦敦大学留学,其硕士论文得到了著名数学家哈代(G. H. Hardy,1877—1947)的特别赞赏。全面抗战开始后他报国心切,放弃了获得博士学位的机会毅然回国,担任中央大学数学系教授。1948 年,周鸿经任中央大学校长,一年后转任中研院总干事。周鸿经在傅里叶级数的研究方面造诣极深,1957 年伦敦大学预备授予他博士学位,结果他未及准备便因肝癌在纽约逝世,令人唏嘘。

1950 年,廖山涛、杨忠道分别获得了芝加哥大学与图兰大学的奖学金,然而却没有路费成行。为了给廖山涛、杨忠道筹措旅费,周鸿经以留职留薪的办法,补助他们每人 700 美元。同年,他们二人离开台湾,来到美国。1951 年,王宪钟也离开台湾赴美。廖山涛等人在台湾的时间虽然短暂,但他们在极其艰苦的条件下仍坚持开展讨论班,算是开了台湾数学研究之先河。

2.3 芝加哥读博

芝加哥大学 1890 年由石油大王洛克菲勒(J. Rockefeller)

创办，其数学系的创系主任为莫尔（E. H. Moore，1862—1932）。莫尔在有限域与几何学的公理化方面有很深的研究，更重要的是他极其擅长培养学生，其中最著名的是迪克森（L. E. Dickson，1874—1954）、维布伦（O. Veblen，1880—1960）与伯克霍夫（G. D. Birkhoff，1884—1944），日后他们分别在芝加哥大学、普林斯顿大学与哈佛大学任教。我国著名数学家杨武之即为迪克森的博士。

进入 20 世纪 40 年代，泛函分析学家斯通（M. Stone，1903—1989）成为芝加哥大学数学系的主任。斯通随后进行了一系列精彩的教授聘任：布尔巴基学派创始成员韦伊（A. Weil，1906—1998）、调和分析学家赞格蒙德（A. Zygmund，1900—1992）、代数学家麦克莱恩（S. Maclane，1909—2005）与整体微分几何之父陈省身。斯通也聘请了一些学术新星担任助理教授，他们当中有哈尔莫斯（P. Halmos，1916—2006）、西格尔（I. Segal，1918—1998）与斯潘尼尔（E. Spanier，1921—1996）。这些数学家的加入使得芝加哥大学数学系迅速成为美国的数学中心。

1950 年到达芝加哥后，廖山涛当即去拜访了陈省身。陈省身开门后的第一句话就告诉廖山涛这里和他之前在北大一样，不管是否听课，只要能做出来成果就可以。这正好对了廖山涛的性格。这一时期廖山涛关注的问题主要是球面的周期变换。

1951 年，廖山涛推广了史密斯（P. A. Smith，1900—1980）的周期变换不动点的定理：X 是有限维的紧致豪斯道夫空间，同时是 p（素数）阶循环群上的同调球面，T 为 X 上

模 p 的周期变换，那么 X 在 T 下的不动点集是素数 p 阶循环群上的 r $(-1 \leqslant r \leqslant n)$ 维同调球。廖山涛指出在史密斯的定理中，如果 X 的所有整系数上同调群是有限生成的话，那么 T 由 $n - r$ 的奇偶性来确定是否保持定向。

很快，廖山涛便完成了论文《同调球面周期变换的定理》（A theorem on periodic transformations of homology spheres），该文第二年发表于《数学年刊》（Annals of Mathematics）。《数学年刊》被认为是纯粹数学领域最好的杂志之一，能在这本期刊上发表论文，显示出廖山涛的研究工作已经开始具有显示度。

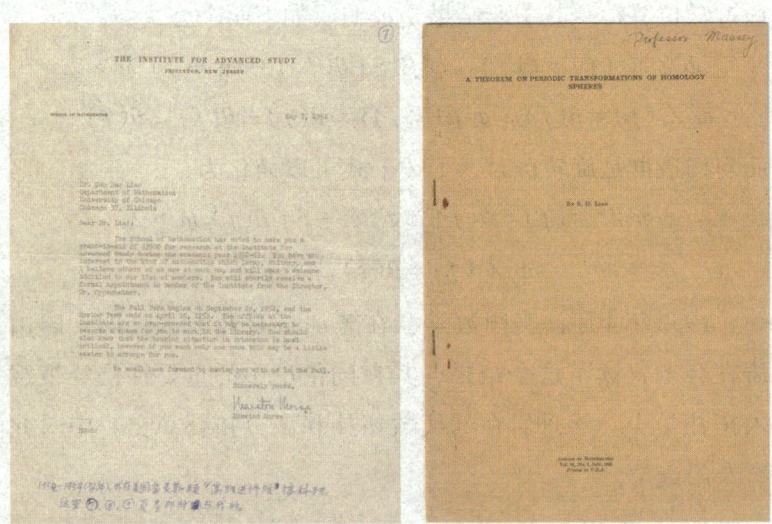

廖山涛在芝加哥大学时期奖学金证明与发表的论文

有一次陈省身与斯潘尼尔对廖山涛讲了球面纤维丛的二次阻碍问题，并猜测了两个公式。斯潘尼尔，1921年出生于华盛顿，1947年博士毕业于密歇根大学，导师为斯廷罗德（N. E. Steenrod，1910—1971），主要研究领域为代数拓扑。毕业后，斯潘尼尔任高等研究院访问成员，1948年到芝加哥大学工作。斯潘尼尔在陈省身到来后在芝加哥大学组成了一个代数拓扑与微分几何的研究团队，两人曾合作对球面丛的同调结构进行了研究。

　　阻碍理论主要是通过代数不变量来判断映射的可扩张性，若所得的初次阻碍为0，则可以定义二次阻碍。廖山涛思考了一天后告诉陈省身，他已经找到了可以解决这个问题的方法。1952年，廖山涛以此问题为核心，完成了博士论文《纤维丛的阻碍理论》（On the theory of obstructions of fiber bundles），并通过学位答辩。其主要结果是证明了如下两个公式：

$$\phi^* Z^{m+2}(f) = \theta(f) \smile \varphi^* \beta(\mathrm{Sq}^2\theta(f)) + \mathrm{Sq}^2\theta(f), m > 2,$$

$$\phi^* Z^4(f) = \theta(f) \smile \varphi^* \beta(\theta(f)) \smile \theta(f) - \theta(f) \smile \theta(f).$$

而当构造群是旋转群时，上述公式可以简化为

$$\phi^* Z^{m+2}(f) = \theta(f) \smile \varphi^* w^2 + \mathrm{Sq}^2\theta(f), m > 2,$$

$$\phi^* Z^4(f) = \theta(f) \smile \bar{\theta}(f).$$

　　1952年4月，美国数学会在芝加哥召开学术会议，廖山涛在会上宣读了这个结果，其在同伦论中的重要性已经被载入拓扑学史。干丹岩在《代数拓扑和微分拓扑简史》中对此有专门记录：

　　　　"对于从复形到n维球面或（n－1）连通空间的二次阻碍分别由斯廷罗德及怀特黑德（J. H. C. White-head，1904—1960）讨论。对于球面丛的二次阻碍由廖山涛获得表示公式而解决。"

本来廖山涛应该是陈省身培养的第一个博士，然而获得博士学位需要第二外语的成绩，廖山涛的德语考试没有通过，因此没能拿到学位证。有的文献认为这门课程是英语，其实是弄错了。1953年，陈省身的另一个学生，日本人野水克己（Katsumi Nomizu, 1924—2008）博士毕业，成了陈省身的第一个博士。这不免让人感到遗憾。然而廖山涛关注的是数学，这种事情对他而言根本算不了什么。

第三章　归国赤子心

3.1　普林斯顿的生涯

正当廖山涛在芝加哥求学之际，国际形势发生了剧烈变化。1950 年 6 月 25 日，朝鲜战争爆发，随后以美国为首的"联合国军"跨过了三八线，导致中国人民被迫抗美援朝、保家卫国。战争期间美国政府明令禁止学习理、工、农、医的中国留学生回国。由于这一现实原因，廖山涛博士毕业后只能留在美国，他决定到普林斯顿高等研究院继续从事数学研究。

1952 年 1 月 15 日，亦即在博士论文答辩之前，廖山涛向高等研究院提交了职位申请：

"尊敬的先生，由于我打算申请成为高等研究院
数学研究所的成员，如果您能尽早将申请表的副本
寄给我，我将不胜感激。"

高等研究院成立于 1930 年，创建之初即汇聚了爱因斯坦（A. Einstein，1879—1955）、维布伦、冯·诺依曼（J. von Neumann，1903—1957）与外尔（H. Weyl，1885—1955）等学术大师，几乎直接奠定了该机构在科学界的地位。除此之

外，高等研究院还设有一些非永久性的职位，以吸引世界上最优秀的科学家到访。高等研究院为这些访问者提供各项便捷服务，使他们能够摆脱繁杂的事务性工作，全身心地投入最纯粹的研究当中。在此之前，陈省身与华罗庚都曾在高等研究院担任过访问成员。用美国数学史家巴特森（S. Baterson）的话来说：“能够打进这个特殊群体，被数学家视为地位的象征。”

1952 年 1 月 21 日，高等研究院给廖山涛回信，告知他截止时间已过，但仍将申请表附上，表示如果廖山涛能够尽快填写的话，则还有一定的机会：

> “由于完成申请的截止日期是 1 月 1 日，我希望您能尽快寄出申请。我敢肯定，如果您这样做，研究所仍然有机会研究这件事。还需要尽快获得推荐信。”

廖山涛在极短的时间内填好了申请表。整个申请表由基本信息、学术成果与研究计划三部分组成。或许是因为时间紧张的缘故，廖山涛误将申请日期写为 1942 年 1 月 23 日（应为 1952 年）。在学术成果一栏，廖山涛列出了 6 篇论文，其中 4 篇已公开发表，系之前在中研院数学所工作期间取得的成果。另有一篇即将见刊的论文，以及正在撰写的博士论文。在研究计划一栏，廖山涛表示对如下两个主题感兴趣：

> “（1）球面映射的扩张与分类。考虑对称积 $S^n \cdot S^n$，斯廷罗德猜想当 $n < i < 2n$ 时，对称积的基本群是 $\pi_i(S^n \cdot S^n)$。目前 $\pi_{n+1}(S^n \cdot S^n)$ 的结果已知，验证

斯廷罗德对 $i > n + 1$ 的猜想对我们的目标来说似乎是一个基本的困难。

（2）二维复形的同伦性质。我有如下问题：给定二维球面 S^2 到可收缩的二维复形 K 的一个单纯映射，则 S^2 是否必然有一对相邻的二维单形映入 K 的同一个单形？这个问题与三维球面上的庞加莱猜想相关。去年我通过研究自由群的特定性质在这个问题上工作了数个月，但还没有得到具体的结果。"

20 世纪 50 年代，推荐信是学术界获得职位的一项十分重要的程序，这一传统延续至今。廖山涛共邀请了四位数学家为他写推荐信，分别是麦克莱恩、斯潘尼尔、陈省身与斯廷罗德。1952 年 1 月 29 日，斯潘尼尔最先为廖山涛写好了推荐信：

"我代表已申请高研院数学所下一年资助的廖山涛来写这封信。廖山涛即将完成他的博士学业，并有兴趣到普林斯顿继续从事研究工作。他已经发表了 3~4 篇短篇论文，并将有一篇证明史密斯关于球面周期变换猜想的论文发表。

很明显，廖山涛的博士论文是关于纤维丛的同调理论。他已经发现了球面丛的二阶阻碍公式，并将继续研究更一般情形的二阶阻碍。他是一个勤奋且能力很强的工作者。他独立、具有原创性，并且在美国已经有两年了，但他的英语仍然不太好。他相当害羞，这加剧了他的语言障碍，使得他在当前

无法获得一份教学工作，而且他现在也不可能回到
中国。

　　廖山涛已清楚地展示了他的数学能力，我全力
推荐他获得研究所的津贴。"

　　紧接着，陈省身于 1952 年 2 月 6 日为廖山涛寄出了推荐
信。信中陈省身提及他已看到了高研院数学所给斯潘尼尔的
回信，得知从长远来看廖山涛的机会很好。陈省身也提到基
于美国当前的政策，廖山涛无从回国，但他时刻准备着回国。
陈省身的推荐信如下：

　　"廖山涛先生申请了贵单位 1952—1953 学年的职
位，并邀请我给您写信。我知道斯潘尼尔已经给您
写了推荐信，而且我看到了您的回信。我很高兴知
道您认为从长远来看他的机会很好。他是我在中国
的研究助理，在代数拓扑方面有很好的基础。最近，
他正在做一些关于球面丛的二阶阻碍的研究工作，
这将是他博士论文的主题，并预计在暑假获得学位。
去年，他完成了一篇关于周期变换的论文，解决了
史密斯的一个问题，该论文将发表在《数学年刊》。
我对他的能力没有任何疑问。

　　有一些其他的情况，使他的处境相当不利。由
于学位论文的不确定性，直到最近他才获得主要想
法，因此没有申请其他博士后奖学金。尽管他确实
在我们的讨论班上作过报告，但他的英语还远未达

到流利的水准，这让他很难获得教职。他现在的打算是在这里再多待一两年，最终回到中国。后一种情况实际上当前是不可能的，因为美国政府目前的政策是不允许中国的理科学生回国。"

陈省身与斯潘尼尔的推荐信内容大同小异，两人都提到了廖山涛很多数学研究能力之外的个人情况介绍，可见斯潘尼尔对廖山涛的了解不亚于陈省身。在攻读博士期间取得的两项成果中，廖山涛均提到了斯潘尼尔的帮助，并将他放在了与陈省身相同的位置。从师承上来看，斯潘尼尔很有可能是廖山涛的副导师或者第二导师。考虑到斯潘尼尔与廖山涛的年龄相近，甚至比廖山涛还要小上一岁，他们之间或许是一种亦师亦友的关系。

这里需要说明一下的是廖山涛的英语水平。斯潘尼尔称廖山涛的英语不是很好（not too good），陈省身则更明确，指出他的口语远未达到流利的水准（far from being fluent）。由于廖山涛出生于湖南衡山县，即便说汉语也不是很好懂，因此可以想见他说英语时的情形。著名物理学家杨振宁曾回忆说："山涛在美国读博士学位时，说一口湖南英语，也不好懂，幸亏他的导师陈省身是中国人，答辩才能通过。"因此，廖山涛的英语不好主要在于说或者讲，而听者们的描述可能超过了他们的感受。

实际上，廖山涛之所以选择高等研究院，主要原因在于该机构不用教学，他可以扬长避短，安心地从事研究工作。此外，高等研究院有着深厚的几何与拓扑传统，惠特尼、蒙哥马利（D. Montgomery，1909—1992）等人非常活跃，毗邻的普林斯顿大学则有斯廷罗德等人坐镇，也是重要的几何与拓扑基地。廖山涛的研究方向与这两个单位高度一致，因此普林斯顿对他而言是最理想的去处，甚至没有之一。

应廖山涛的请求，麦克莱恩于1952年3月19日为廖山涛寄出了推荐信。在撰写博士论文的过程中，廖山涛曾得到过麦克莱恩关于谱同调理论的建议。麦克莱恩时任芝加哥大学数学系主任，他与艾伦伯格合作创立了现代数学的基石——范畴论。麦克莱恩的推荐信如下：

> "廖山涛先生告诉我，他正在申请研究所明年的职位。廖是一位来自中国的学生，对代数拓扑的所有领域都有浓厚的兴趣。他有几篇已发表的论文值得称赞。他在选择问题上还是有点依赖别人的意见，但在其他方面他已经相当成熟了。他的工作完成得很快，并表现出显著的独创性与相当的想象力，如果给予他合适的鼓励（这是他确实需要的）他会做出真正的贡献。"

为了增加廖山涛申请成功的机会，陈省身还邀请斯廷罗德为廖山涛撰写推荐信，后者也于1952年3月19日寄出了推荐信。斯廷罗德那时在代数拓扑领域非常知名，有数个以他姓氏命名的概念或公理，他在1952年出版的《纤维丛的拓扑》（*The Topology of Fiber Bundles*）更是这个领域的标准参考书。与斯潘尼尔、陈省身和麦克莱恩都不同，斯廷罗德并不在芝加哥大学任教，因此他完全是从廖山涛的成果出发来评价他的研究工作，理论上来说在四个人当中应该是最客观的：

　　"芝加哥大学的廖山涛正在申请高等研究院的资助，陈省身要求我写这封信来支持他的申请。我个人并不熟悉廖，但我仔细阅读了他发表的四篇论文和两篇手稿。这些已发表的论文质量中上，对于还未完成博士学业的人来说已经非常好。它们简短而多样化，并且对拓扑的各个方面都有广泛的涉猎。《数学年刊》已接受了廖关于同调球面周期性变换的一篇论文。他改进了史密斯关于不动点集维数的结果。虽然可能不是很重要，但结果相当深刻。

　　廖给我寄了一份他的博士论文，主要结果是给出了球面丛横截面的二阶阻碍变化的一个公式。这是一个重要的结果，因为它是发展阻碍的一般理论的重要步骤。这个公式相对复杂，并且不是我猜想的情形。因此，我对他洞察力的深度印象深刻。在我看来，廖的前途至少和王（Wang）或者胡（Hu）一样光明，并且很可能超越他们。"

　　斯廷罗德提到的王与胡是指王宪钟与胡世桢，系廖山涛在中研院数学所任职时的同事。彼时廖山涛是助理员，而胡、王二人为副研究员。胡世桢那时已经在同伦论的研究中取得了重要突破，王宪钟则发现了纤维丛理论中的一个重要序列——王宪钟序列，这些成就都被载入拓扑学史。1949年，胡世桢、王宪钟与廖山涛等人随中研院数学所一同迁往台湾，之后三人先后离开台湾来到美国。胡世桢曾于1950年至1952年在高研院数学所担任访问成员，王宪钟则于1951年至1952年、1954年至1955年在高研院数学所担任访问成员，两人都是非常优秀的数学家。从斯廷罗德对他们三人的对比来看，他对廖山涛的评价与期望极高。

在斯潘尼尔、陈省身、麦克莱恩与斯廷罗德的推荐下，廖山涛成功申请到了高等研究院的访问职位。1952年5月7日，廖山涛收到了莫尔斯（M. Morse，1892—1977）发来的信件，通知他已经被接受为访问成员。莫尔斯是高等研究院数学研究所成立时最初的六名成员之一，以莫尔斯理论知名，是江泽涵在美国攻读博士的导师。如此算来，莫尔斯还是廖山涛的师爷。两天后，奥本海默院长为廖山涛发来了任命书。随后廖山涛与高研院数学所沟通了报到的细节，主要是住宿

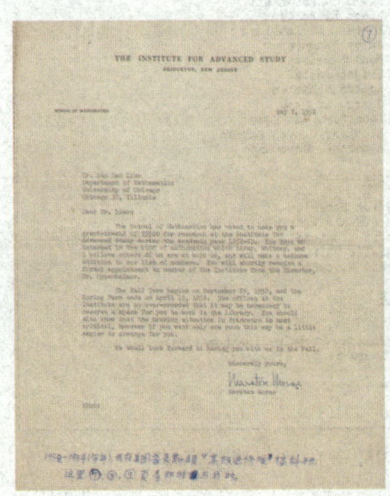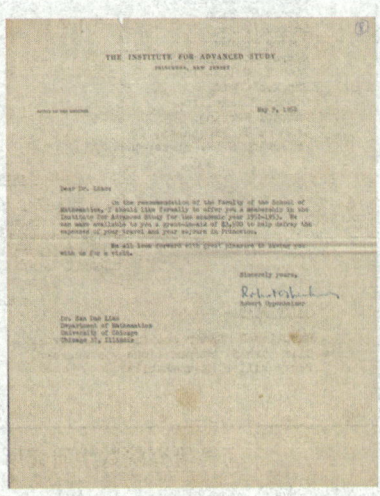

莫尔斯与奥本海默发给廖山涛的通知信与任命书

与办公问题。不过随后事情出现了一些意外，廖山涛并未能如推荐信中所提到的如期获得博士学位，但他仍然在当年9月成功进入到高研院数学所担任访问成员。

40

SCHOOL OF MATHEMATICS

Permanent Members

James W. Alexander	Abraham Pais (Professor)
Julian H. Bigelow	George Placzek
Albert Einstein (Professor Emeritus)	Atle Selberg (Professor)
Kurt Gödel	Oswald Veblen (Professor Emeritus)
Herman H. Goldstine	John von Neumann (Professor)
Deane Montgomery (Professor)	Hermann Weyl (Professor Emeritus)
Marston Morse (Professor)	Hassler Whitney (Professor)
Robert Oppenheimer (Professor)	Chen Ning Yang

Members

Shimshon A. Amitsur	Alfred Horn
Ram P. Bambah	Res W. Jost
Theodore H. Berlin	Gopinath Kallianpur
Arne Beurling	Yukiyosi Kawada
Armand Borel	Toichiro Kinoshita
Laurie M. Brown	Serge Lang
Rudolf Carnap	Tsung Dao Lee
Jule G. Charney	Jean Leray
Eckford Cohen	David M. Levy
Leon W. Cohen	Donald J. Lewis
Morton L. Curtis	San Dao Liao
Martin D. Davis	Arthur E. Livingston
Allen Devinatz	Yoichiro Nambu
Carl H. Eckart	Chaim L. Pekeris
Samuel F. Edwards	Harry Pollard
Trevor Evans	Peter J. Price
István Fáry	Murray H. Protter
Robert J. Finkelstein	David G. Ravenhall
Robert S. Finn	Moses Richardson
Léonce Fourès	Herbert E. Robbins
Yvonne Fourès	James Sanders
Murray Gerstenhaber	Hans Samelson
Jack S. Goldstein	Shigeo Sasaki
Morikuni Gotô	Robert Schatten
Donald R. Hamilton	George A. Snow
Conyers Herring	Leon C.P. Van Hove
Isidore I. Hirschman, Jr.	Nicolaas G. van Kampen
Friedrich E. P. Hirzebruch	Albert L. Whiteman

Assistants

James Dugundji (Marston Morse)
Richard L. Ingraham (Oswald Veblen)
Bruria Kaufman (Albert Einstein)
Norman Wolfsohn (Hassler Whitney)
Hidehiko Yamabe (Deane Montgomery)

Staff

Secretarial

Caroline D. Underwood (School Secretary)	Joan H. Slotnick (Mathematics)
Elizabeth S. Gorman (John von Neumann)	Laura Winter (Physics)
Peggy Miller (Mathematics)	

- 4 -

高等研究院数学研究所 1952—1953 年成员名单
（普林斯顿高等研究院 Shelby White and Leon Levy Archives Center 授权使用）

1953—1954 年，廖山涛再度被高等研究院聘为访问成员，年薪仍为 3500 美元。这一时期，廖山涛的博士论文经整理后发表在《数学年刊》。他还在《美国数学会汇刊》（*Tran. AMS*）发表了一篇论文——《球面循环积的拓扑》（On the topology of cyclic products of spheres），在球面循环积的研究中取得了突破，得到了相关专家的高度评价。值得一提的是，除了廖山涛之外，高等研究院数学研究所还有杨振宁与李政道两位华人翘楚。

1954—1955 年，廖山涛到普林斯顿大学数学系去做"访问博士后研究员"（visiting postdoctoral fellow）。之所以加个引号，是因为廖山涛那时仍没有获得博士学位。其间廖山涛也曾回芝加哥参加了几次第二外语的考试，然而每次都没能通过。不过斯廷罗德仍然招收他做博士后。实际上，廖山涛此前在发表博士论文的过程中得到了斯廷罗德的诸多指导。特别是斯廷罗德提醒他引用玛西（W. S. Massey，1920—2017）的成果作为研究起点，使得原来的证明得以大幅简化。

在普林斯顿大学期间，廖山涛的研究领域扩大到周期变换与不动点定理。1955 年，陈省身努力说服了芝加哥的一些同事，终于使廖山涛获得了博士

廖山涛在 1955 年获得芝加哥大学博士学位

学位。获得博士学位对于廖山涛来说意义重大，但他又会如何选择呢？

3.2 漫漫归国路

1955年10月，廖山涛离开普林斯顿，来到俄克拉荷马州农机学院（Oklahoma Agricultural and Mechanical College）任教。这时廖山涛离开中国已经6年多了。几年来，廖山涛无时无刻不思念着祖国与亲人。每年国庆节的夜晚，廖山涛都会和

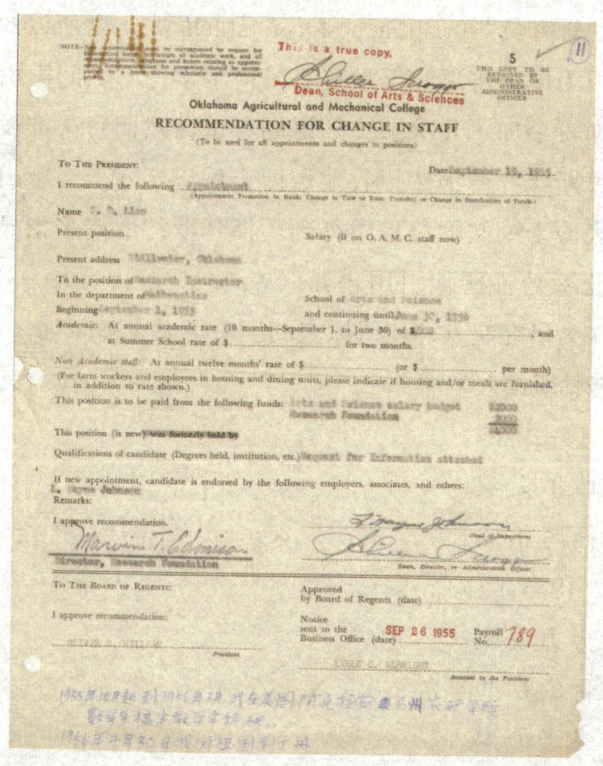

1955—1956年，廖山涛在俄克拉荷马州农机学院短暂任教

许多其他旅美青年聚集在一起，尽情地狂欢。他们挥动着自制的五星红旗，时刻准备回国。然而朝鲜战争爆发以后，美国一度禁止中国理工科的留学生回国，甚至收走了他们的护照，部分人（如钱学森）还被FBI监禁。当时美国麦卡锡主义十分盛行，廖山涛的回国之路一直被封闭着。

其实廖山涛有回国的想法是有迹可循的。早在抗战胜利的当年，由于西南联大等校的师生罢课反对内战，大批武装人员于12月1日涌入这几所学校，并投掷了手榴弹，炸死师生4人，炸伤数十人，马大猷、钱钟书、袁复礼等教授亦被殴打，时称"昆明惨案"。为了声援西南联大等校的师生，昆明市各大、中学的教师进行了罢教，并向全国发出了宣言，在这份宣言的签名单中，廖山涛的名字赫然在列。

中华人民共和国成立以后，高教部留学生管理司曾统计过一份被美扣留学生的部分名单，上面有钱学森、师昌绪、廖山涛等160人。为了争取回国，中国留学生同美国当局进行了积极的斗争，他们给美国总统艾森豪威尔、联合国秘书长哈马舍尔德写信表示抗议，给中国政府写信寻求帮助。艾森豪威尔在记者招待会上公开承认了美国扣留中国留学生的事情。留学生在中国大陆的家属们也多次请求中国政府给予援助。汪鸿仪曾写信给江泽涵请求帮助，这封信最终转交给了周恩来总理。

中国政府为了使留学生能早日归国做了多番努力。1954年日内瓦会议召开，中国释放了部分美国人员换回了少部分留学生。1955年4月，美国撤销了禁止中国留学生回国的禁令，宣称愿意回国的留学生皆已放回，其实仍扣留了相当一部分中国留学生和科学家，其中最著名的当数钱学森。为了解决侨民遣返问题，中美两国于 1955 年 8 月在日内瓦首次举行大使级会谈。会谈中美国依然否认扣留中国留学生和科学家，结果中方出示了钱学森的求援信、部分家属请求留学生回国的意愿书等诸多证据，美方终于无可辩驳。中方又先后释放了两批美国飞行员，终于在 9 月 10 日与美方达成了协议：彼此在对方境内的侨民享有返回的权利，双方将采取适当措施保障他们能够尽快行使返回的权利。

得知可以回国后，廖山涛当即向美国移民局申请回国，办理各类回国的证明与证件。第二年春，在周恩来的亲切关怀下，日内瓦谈判的中方首席代表王炳南大使给廖山涛寄来一封信件，询问他是否缺少路费，并告诉他如遇到困难，可以到印度驻美大使馆寻求帮助，中国已委托他们帮助解决。很快廖山涛拿到了回国的船票，在处理了回国前的诸多事宜后，于 4 月 3 日从旧金山登上了威尔逊总统号邮轮，启程回国。

几年来，多批中国留学生正是乘坐这艘轮船回国。同样是在这条船上，发生了钱学森行李被扣以及赵忠尧横滨截留事件。在归国的船上，廖山涛遇到了四位回国的留学生，其中一位是鲍城志，他曾在 1954 年联合其他八位留学生共同给艾森豪威尔写信。有了他们相伴，海上 20 多天的航程便不会那么无趣。

几天后，邮轮来到檀香山（夏威夷），在这里停留一天，装卸货物、上下客。廖山涛他们几个人上岸参观，乘旅游车游览了全岛名胜，还参观了珍珠港事件中被日本炸沉的一艘军舰。回到船上以后，有美国记者来采访他们，告知他们说现在想回美国还有机会，被他们斩钉截铁地拒绝。第二天下午，《纽约晚报》即登出了五位留学生乘威尔逊总统号邮轮回到"红色中国"的消息。

邮轮从檀香山继续向西，十多天后来到横滨，在这里加油加水、装卸货物、补充食品。廖山涛他们则再次上岸参观。日本海关对廖山涛非常客气，这使廖山涛意识到中国已不是过去那个任人欺凌的国家了。他们从横滨乘坐直达快车来到东京，雇用了一辆出租汽车去皇宫旅行。司机告诉他们皇宫禁止入内，他们在皇宫四周逛了一番，午后又去了银座。在东京时，他们共同给广东教育厅写了一封航空信，告知有五位留学生即将于4月30日到达香港，请派人到罗湖去接。

轮船从横滨开出后穿越台湾海峡，开往菲律宾的马尼拉。在马尼拉短暂停留后，轮船终于开到香港海面，远远地可以看到香港中国银行大楼。随后他们乘坐小火轮到九龙码头，然后乘坐广九列车开往罗湖。两个小时后，廖山涛看到了高高飘扬的五星红旗，以及英姿飒爽的解放军战士。啊，祖国！这一天是1956年4月30日。

解放军检查证件以后，一位30多岁的工作人员向他们走来，廖山涛等人经过询问后得知是广东教育厅的工作人员。工作人员带他们办理了入境手续，然后带领他们乘坐火车赶往广州。第二天恰逢五一劳动节，教育厅邀请他们到广州体育馆观礼。5月2日又带领他们游览了越秀山公园、凭吊了黄花岗七十二烈士公墓，还到荔枝湾去品尝了荔枝。5月3日的行程是参观中山大学、中国科学院广东分院等机构。总之欢迎和招待仪式十分热烈。5月4日，廖山涛等人接受了新华社记者的采访，心情十分激动。

廖山涛回国后一家人住在北大蔚秀园

廖山涛回国后，好友江泽坚邀请他到吉林大学任教。原来廖山涛在出国时，家人曾得到江泽坚的帮助。本来廖山涛都已经到吉林大学报到去了，然而江泽涵深刻知道廖山涛的重要性，硬是把他从东北拉回北京。1956年7月，廖山涛正式到北京大学数学力学系任教。汪鸿仪带着两个孩子也来到北京与廖山涛团聚。作为归国的专家，北京大学为廖山涛在蔚秀园中安排了一个带院墙的小院。那是一座旧式的砖瓦小院，有北房三间，西房两间，可谓"园中之院"。从此廖山涛在北京定居下来，直至去世。

第四章 酿得百花蜜

4.1 "助攻"吴文俊

　　1956年8月，中国数学会在北京举办了规模盛大的论文宣读大会。廖山涛参加了这次会议并作了综合报告，题目是"周期变换与不动点问题"。不久后，廖山涛接到了一项重要任务，对吴文俊申报中国科学院科学奖金的成果进行学术鉴定。中国科学院在1955年建立了科学奖金制度，后来发展为国家自然科学奖。中国科学院数学研究所推荐吴文俊参加评奖，负责初评的数学物理学化学部聘请了廖山涛来进行审查。

廖山涛与吴文俊在美国旧金山（1979年）

廖山涛与吴文俊是在 1947 年陈省身回北平讲课时认识的，那次北平之行陈省身带了吴文俊与曹锡华。吴文俊对廖山涛的印象是："我那时认识了北方数学界的很多人，其中最有道理的是廖山涛。"熟悉吴文俊的人都知道，他说某人有道理是赞赏这个人的学识。吴文俊认为陈省身在大陆的学生中，真正成才的有两个人，一个是他自己，另一个则是廖山涛。不过等廖山涛到中研院数学所报到时，吴文俊已经离开数学所参加留学培训去了。

廖山涛与吴文俊的研究领域都是代数拓扑，又同为陈省身的弟子，对彼此的工作均非常熟悉。因此由廖山涛来评审吴文俊的工作，可以说是非常合适。

1956 年 9 月 26 日，廖山涛完成了审查工作。根据中国科学院的档案，另外两个评审人分别为江泽涵与南京大学的施祥林。整个评审意见共 18 页，其中廖山涛的评审意见有 15 页。廖山涛对吴文俊申报奖励的 8 篇论文逐篇做了说明，并给出了总评意见：

"吴文俊先生之关于示性类之研究工作在拓扑学及微分几何学中具有良好之意义甚为显然。其关于格拉斯曼流形之运用根源于球丛之嵌入理论。其特有的关于这类流形的知识，在早数年前与法国拓扑学者如托姆等人的研究工作有互相补益之处；于希策布鲁赫之若干关于微分流形及有复构造之流形之研究工作中，亦可见到吴之工作主动地产生若干影响。若干关于庞特里亚金示性类之工作为不久前所成。关于吴之示嵌类之工作，已在前面介绍。"

从总评可以看出，廖山涛指出吴文俊的工作与托姆（R. Thom，1923—2002）、希策布鲁赫（F. Hirzebruch，1927—2012）、庞特里亚金（L. S. Pontryagin，1908—1988）交相辉映。其中托姆是法国数学家、突变论的创始人，1958 年获得菲尔兹奖。希策布鲁赫是德国数学家，研究领域为拓扑学、复流形与代数几何，被认为是二战后德国最重要的数学家，1988 年获得沃尔夫数学奖。庞特里亚金是苏联数学家，对代数拓扑与微分拓扑卓有研究，先后荣获列宁奖、苏联国家奖等荣誉。考虑到托姆、希策布鲁赫与庞特里亚金在现代数学史上的地位，就不难理解廖山涛给了吴文俊什么样的评价。最终，吴文俊与华罗庚、钱学森共同获得了 1956 年度中国科学院科学奖金一等奖。诚然，吴文俊能获得一等奖主要是因为自身成果优秀，但廖山涛准确而又深刻的鉴定"助攻"也是不容忽略的。

当时中科院数学所与北大数力系各组织了一个拓扑学讨论班，两个单位的负责人（吴文俊、张素诚、江泽涵、廖山涛）商量后决定互相配合，成员们彼此参加对方的讨论班。有一次北大数力系的吴振德参加了数学所的讨论班，当时吴文俊讲述了他解决的著名问题"n 维复形嵌入 $2n$ 维欧氏空间"，并提出了若干个可以考虑的问题。

1957 年初，廖山涛突然对吴振德说："不能总念书，需要进行练习，你可以着手考虑吴（文俊）先生提出的某些问题，先念念有关文献。"吴振德学习了一段时间仍感困难，不知如何下手，便跑去请教江泽涵，表示想先学习再做问题。江泽涵告诉吴振德说这些问题廖山涛已经思考很久了，应该很有希望解决，劝他不要放弃。吴振德又跑去向廖山涛说明自己的困境，廖山涛并未多说什么，只是又指定了几篇文献。1958年，吴振德调到位于石家庄的河北师范大学工作，继续对吴文俊提出的问题进行研究。在廖山涛指定文献的启发下，吴振德终于解决了其中的3个问题。吴振德其后一直在河北师大任教，在该校成功建立了一个拓扑研究团队。

吴文俊在研究复形在欧氏空间的实现问题时，曾得到一个有趣的推论：射影空间 P^n 不能在 E^m 中实现，其中 $n = 2^\alpha + s, m = 2^{\alpha+1} - 1, 0 \leqslant s < 2^\alpha$。廖山涛则进一步证明，当 $n = 2^k - 2(k \geqslant 3)$ 时，P^n 不能在 E^{n+2} 中微分实现。

1957年，吴文俊将他的理论整理成书，在中科院数学所油印成册，1965年由科学出版社出版，书名为 *Theory of Imbedding, Immersion, and Isotopy of Polytopes in a Euclidean Space*。在序言中，吴文俊特别感谢了廖山涛，指出书中借用和贯穿了廖山涛很多重要的想法，其中第7章主要是吴振德的工作，这也是在廖山涛的指导下完成的。

4.2 潜心育英才

廖山涛到北大数力系任教以后，系里出了很多关于他的新闻。不少学生都听说有一个名叫廖山涛的数学家从美国回来了，而且此人与陈省身的关系很密切。系里还流传廖山涛当年在西南联大到寺庙自学的传奇故事。慢慢地，廖山涛在系里竟然有了一丝神秘感，因为低年级的同学往往是只闻其名，半知其事，不见其人。

　　1957年春，廖山涛给数力系拓扑专门化的毕业生开设了"同伦论"的课程。当时中国全面学习苏联，学生到高年级时要学习各种专门课程。张恭庆（北京大学教授、中国科学院院士）1954年考入北大数力系，那时正在读三年级，也慕名前去听课，并对廖山涛留下了极为深刻的印象。他回忆道："廖先生书写极其工整，写一遍念一遍，非常准确与严格，把他的板书抄下来就可以当做讲义。廖先生讲课的独特之处在于精炼，当你学完整门课后，会发现所有的要点他都覆盖到了。"张恭庆毕业后留校任教，后来与廖山涛熟悉以后曾询问他当年到寺庙中自学的事情。结果廖山涛并未正面回答，反而给他讲了很多如何读书的经验与道理，令张恭庆受益匪浅。

1996年北京国际动力系统会议部分人员在颐和园合影
（左起：董镇喜、张恭庆、斯梅尔、廖山涛、帕里斯夫妇、姜伯驹、王杰）

　　姜伯驹（北京大学教授、中国科学院院士）1953年考入北大数力系，到四年级时选择了拓扑专门化，成为新中国第一届拓扑专门化的毕业生。廖山涛给姜伯驹出了一个平面上连续统不动点的毕业题目：平面上的紧致连通子集，若其不分割平面，则其到自身的映射是否一定有不动点。这个问题从直观上看起来简单，实则不然。姜伯驹精读了若干个与之相关的理论，可就是串不起来，一筹莫展。最后在廖山涛的指点下，姜伯驹考虑了一种特殊的情形，并得到了肯定的回答。毕业后姜伯驹留校任教，又花了一年多的时间阅读文献，才知道这个问题原来是波兰数学家波尔苏克在1932年提出的一个猜想。这个猜想难度很大，直到今天也未得到解决。

熊金城（华南师范大学教授）、周作领（中山大学教授）1956年考入北大数力系，因对拓扑学感兴趣而选择了拓扑专门化。廖山涛给他们讲授点集拓扑与同伦论。初学点集拓扑时，熊金城感到不习惯，因为廖山涛讲课不做任何渲染。可

北京大学拓扑专门化部分学生合影
（前排左起：王则柯、刘立瑜、刘旺金、虞言林、祝尔家；
后排右起：熊金城、石根华、刘应明、周作领、尤承业、郝凤岐）

是不久以后，熊金城便尝到了甜头，他发现廖山涛给出的证明都是最简练清晰的。1981年，熊金城将他多年来讲授拓扑学课程的讲义出版，充分吸收了廖山涛当年讲课的风格。

1960年，数力系56级与57级学生被派到湖北省蒲圻县（今赤壁市）陆水大坝工地去搞"教学、科研、劳动生产"三结合。廖山涛一面安排学生们的学习与劳动，一面积极思考问题。他时常在居住的大礼堂前晒太阳（沉思），学生们每次路过时都会遥致注目礼，感受他无言的激情与力量。那时正值三年困难时期，各方面条件都极为艰苦，师生们常常挨冻受饿，但廖山涛这种不惧困难、向往理想的境界，震撼了学生们的心灵。

在湖北陆水期间，发生了一件关于廖山涛的趣事。廖山涛是北京大学的二级教授，工资是280元。工地上有不少湖南籍的工人，他们不知从哪里听说来了一位每个月能挣280元的北大教授，据说这相当于他们那里一个村子整年的收入，因此很想找这位教授攀谈，结果找了好久都找不到。后来从学生们那里得到信息以后，他们才吃惊地说："原来是老廖！"廖山涛的朴素由此可见一斑。

返回北京以后，为了使学生们在尽可能短的时间内掌握同伦论的基础，廖山涛精心编写了一本讲义。1957级的虞言林（苏州大学教授）对当年的同伦论课程印象深刻："先生备课极为认真，构思精巧，字斟句酌。备课本书写工整。课堂上写黑板时标点符号从不省略。偶有修改时，擦净黑板后照旧清楚书写，标点也还是一个不漏地写下来。"1959级的麦结华（广西财经学院特聘教授）认为只依靠廖山涛的笔记就可以学好同伦论，甚至没有借阅其他参考书的必要。廖山涛的这份讲义在1980年由刘旺金补充整理，以《同伦论基础》正式出版，成为同伦论领域中一本经典的中文教材。

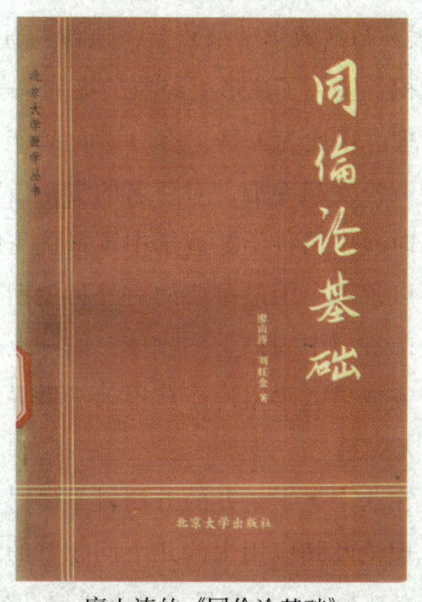

廖山涛的《同伦论基础》

拓扑专门化所有学生的毕业论文几乎都是由廖山涛负责指导的。为此廖山涛需要给每位学生找题目，尽心竭力地辅导他们做研究。1957级的刘应明（四川大学教授、中国科学院院士）清楚地记得廖山涛对他讲过的话："埋头耕耘，不问收获，我相信一二十年后，我们在许多方面会比外国人强！不管别人怎么说，我们要建立具有中国特色的数学流派！"从1962年到1965年，廖山涛与江泽涵、姜伯驹等人共同培养出4届拓扑专门化的大学毕业生，以及一名研究生（左再思），他们中的很多人成为中国拓扑学界的核心力量。

4.3 转换研究方向

早在普林斯顿时期，廖山涛就在周期变换与不动点定理方面取得了突破。回国后廖山涛将这些成果以中文发表在《北京大学学报》与《数学学报》上，他首先通过引入新的局部群与局部乘积，统一了流形上经典的庞加莱-亚历山大-莱夫谢兹对偶定理。以此为工具，廖山涛向30年代建立的周期变换的特异同调论发起冲击，对著名的史密斯问题给出了肯定的回答。当时《中国科学》遴选中国最优秀的研究成果翻译成英文，可以说是中国最重要的对外科学期刊。廖山涛的这几篇论文全部被《中国科学》收录，国际上也因此了解到了廖山涛的研究成果。廖山涛能获得第三世界科学院首届数学奖，与此不无关系。

1959年，在北京大学举办的五四科学研讨会上，廖山涛作了"纤维丛理论及其应用中的几个问题"的综合报告。纤维丛理论的建立被誉为拓扑学发展中最重要和最精彩的事件，E.嘉当（É.Cartan，1869—1951）、惠特尼、陈省身均在此青史留名。由于廖山涛的头发和鲁迅类似，笔挺地竖立在头皮上，倒是给听众提供了一个最为直观和经典的例子。在这篇报告中，他介绍了纤维丛领域最新的研究文献与相关进展，特别是阻碍类、丛的分类、示性类等。这篇报告后来发表在《北京大学学报》，并以小册子的形式由高等教育出版社出版。

廖山涛在报告中特别指出，米尔诺（J. Milnor，1931—）在1956年发现了七维怪球，即存在七维微分流形同胚但却不微分同胚于七维球面。那时微分拓扑学正在从代数拓扑学中

廖山涛在从事研究工作

57

独立出来，廖山涛开始专注于发现不可微分的流形，这是微分流形与拓扑流形有本质区别的标志。姜伯驹每次去通知廖山涛开会时，都会看到廖山涛躺在床上苦思冥想、顽强拼搏。遗憾的是，廖山涛没能解决这一问题，法国数学家克外尔（M. Kervaire，1927—2007）在1960年率先发现了第一个不可微分的流形，摘走了这项桂冠。

由于回国后对外学术交流不畅，加上自己在研究方法上的某些失误，廖山涛感到自己逐渐在落后，已无力参加国际上拓扑学的竞争。与此同时，由于数论、代数、拓扑等学科在"大跃进"运动中被认为不能联系实际，因此统统被取消了。这一系列的事件，促使廖山涛进行了深入的思考。他认为很多传统的数学分支国外有累积的巨大优势，在国内跟着做则处于被动的地位，而对于一些新兴的数学分支，则可同时起步。

这一时期，系里的同事董怀允常来找廖山涛交流，提及国外数学发展很快，不断更新，自成体系，连用的数学符号也难以理解了。不料廖山涛却对他说："我们常常为外国人的许多长篇大论文难懂而苦恼，但假如我们自己也建立一套，形成自己的独特体系，照样能解决问题，也让他们来学习和理解我们的东西，这不就扯平了！"

这句话显示出廖山涛已经在科学研究上具备了战略思想。受理论联系实际运动的激发，廖山涛对数学的认识也发生了转变。他做出了一个惊人的决定：转换研究方向。廖山涛选中的这个方向，名字叫作微分动力系统，简称微分动力学。

第五章 微分动力学

5.1 结构稳定性

动力系统原意是指有限自由度的力学系统，其起源可以追溯到牛顿（I. Newton，1643—1727），通常可以表述为一组常微分方程。然而一般的非线性方程是解不出来的，这就要用到定性方法。一般认为，动力系统从 19 世纪末庞加莱（H. Poincaré，1854—1912）创立微分方程的定性理论开始。所谓定性理论，其实就是用几何与拓扑的方法来研究微分方程。特别是庞加莱在求解公开征解的限制三体问题时，首次注意到了混沌解的存在。

1913 年，在庞加莱逝世的第二年，美国数学家伯克霍夫在三体问题上接过了他的衣钵，证明了庞加莱的"最后几何定理"，进一步扩展了动力系统的研究。伯克霍夫的一系列成果都是在美国做出的，他本人也没有到欧洲留学的经历，这件事情震惊了欧洲学术界，标志着美国数学开始在国际上占有一席之地。

与此同时，苏联数学在十月革命以后开始蓬勃发展，涌现出一大批杰出的数学家。1937 年，苏联数学家庞特里亚金与物理学家、工程师安德罗诺夫（A. A. Andronov，1901—

1952）在一篇用法文撰写的简短文章中，首次提出了结构稳定性的概念，当时称为Systèmes Grossiers。值得一提的是，庞特里亚金是一位盲人数学家，但却在拓扑、控制论等领域留下了足迹，有数个以他姓氏命名的概念或者定理。他还是中国著名计算数学家冯康留学苏联时的导师。

常微分方程的稳定性理论由庞特里亚金的同胞李雅普诺夫（A. M. Liapunov，1857—1918）在1892年开创，研究的是解的稳定性。结构稳定性中的"结构"则是全局的意思，即当动力系统本身稍微改变时，系统的解没有本质性的变化。比如计算机永远只能精确到小数点后有限位，因此计算机给出的结果永远不是完全精确的，永远是原系统的"扰动"。一个系统是结构稳定的意思是说，对这个系统，达到一定的精确度就抓住了本质，小数点再往后的信息不会在本质上改变这个系统的性质。也就是说，对这种系统，计算机给出的结果是可以信赖的。

李雅普诺夫、庞特里亚金、安德罗诺夫

详细地说，庞特里亚金与安德罗诺夫的研究对象是二维圆盘上的相图。安德罗诺夫还于同年出版了《振动理论》

（*Theory of Oscillations*）。然而20世纪三四十年代并非动力系统的活跃时期，这项工作很快被埋藏到日渐爆炸的数学文献当中。与之相对的是，由微分方程定性理论引发的动力系统的姐妹分支——拓扑学正处于黄金时期，一系列新成果的接连问世，使得首届国际拓扑学大会于1935年在莫斯科召开。

1949年，美国拓扑学家莱夫谢茨（S. Lefschetz, 1884—1972）在翻译《振动理论》这本著作时，首次将书中Systèmes Grossiers的概念翻译为结构稳定性。他敏锐地注意到这个概念的重要性，建议到普林斯顿大学数学系访问的巴西学者佩肖托（M. M. Peixoto, 1921—2019）以此问题为核心，查阅相关文献，推广苏联数学家们的结果。

从1958年开始，佩肖托在一系列的论文中，将结构稳定性的概念从圆盘推广到二维流形上，并加入所谓稠密性的内容，认为"这方向的一个丰硕的研究领域可以期待（It seems natural to expect that a fruitful field of research lies in this direction）"。美国数学家斯梅尔（S. Smale, 1930—）当时正在普林斯顿高等研究院做博士后，通过来自巴西的另一位学者利马（E. E. Lima, 1929—2017）得知了佩肖托的研究，也开始关心结构稳定性的问题。

斯梅尔在密歇根大学读博士时从导师博特（R. Bott, 1923—2005）那里了解到莫尔斯理论，之后到芝加哥大学担任讲师时听过法国数学家托姆的讲座，学到了他开创的横截性理论（transversality theory），这是一种描述高维子流形如何相交的理论。由于积攒了不少高维拓扑的工具，再加上年轻气盛，斯梅尔认为只需要应用莫尔斯理论与横截性理论，就可以将佩肖托的定理推广到高维。

佩肖托（左）、斯梅尔（中）与帕里斯（右）

　　经过与佩肖托的讨论，斯梅尔确定了后来称为莫尔斯–斯梅尔系统的性质，断言这一系统在数学中无处不在，而且是结构稳定的充要条件。也就是说，他"成功地"推广了佩肖托的定理。在博士后快要结束的最后半年，斯梅尔接受了佩肖托与利马的邀请，到巴西的纯粹数学与应用数学研究所（IMPA）访问。巴西在现代数学的研究上是一个后来者，但1952年 IMPA 的成立极大地促进了巴西的数学发展。佩肖托是 IMPA 的创始人之一，也正因为如此，巴西在动力系统这一领域有着很强的研究实力。

　　到里约后不久，斯梅尔收到了来自微分方程专家莱文森（N. Levinson，1912—1975）的一封信。信中莱文森对斯梅尔的结论表示质疑，并提供了自己的一篇论文。有趣的是，莱文森与斯梅尔都曾是美国共产党员。在里约的海滩上，斯梅尔带着笔与纸终日思索，仔细研究这些微分方程的式子，累了就去游泳。最终，斯梅尔确信莱文森是正确的，并从莱文森的微分方程中抽象出一个几何图形，著名的斯梅尔马蹄就这样诞生了！

斯梅尔马蹄说明莫尔斯-斯梅尔系统并非无处不在，也不是结构稳定的必要条件。这揭示了一个令人惊讶的事实：混沌可以与结构稳定并存。基于马蹄映射与苏联数学家阿诺索夫（D. V. Anosov，1936—2014）的重要工作，斯梅尔随后提出了双曲集的概念，并与自己的学生帕里斯一起提出了相当于佩肖托判别条件的高维形式，即著名的"稳定性猜测"，引发出后续很多数学家的重要工作，从而推出了微分动力系统的一个全盛时期。

5.2 廖山涛理论

正当佩肖托揭开微分动力系统序幕之际，身在中国的廖山涛了解到这项研究，敏锐地意识到一个新的研究领域即将出现，开始将主要精力投身于这个方向。这里有必要交代一下中国当时的背景，由于运动反复，科学家们经常更换研究方向。不过等到形势宽松的时候，很多人就会转回本行。而廖山涛这一转换方向，直至去世再未改变。有朋友对他说："我以为你兴之所至，偶然改改，哪里晓得就一改不回头呢。"

对廖山涛而言，由拓扑学转入动力系统其实是有很大风险的。那时拓扑学是一个热门学科，他本人则是国内拓扑学的头面人物之一。很多人都认为廖山涛是由于运动而被迫更换研究方向，这的确是一个因素，然而更多的原因恐怕还在于学术层面。1994 年，廖山涛曾在《中国科学报》给出过详细的解释与说明：

"我所改的新数学分支，后来叫作微分动力系统。这个分支现在蔚为大观，但当时在世界上仅露苗头。我为什么就选择了它呢？这是因为：虽仅露苗头，但在自然科学中却显示出极广阔的前景，这是理由之一。理由之二，它显然有许多问题要去弄清楚。其三，国外当时虽然已有点积累，但总的形势是大家都在起步之中，不像其他数学分支，国外常有传统的优势，而我们则常处在被动的地位。其四，微分动力系统在数学中不是拓扑学，但它也着重讨论整体和大范围的问题，在这一点上仍和拓扑学相同，因而我以前长期学的拓扑学，对我仍会发挥作用。其五，微分动力系统的前身是常微分方程式论，后者在生产实际上有广泛的应用，当时在国内也已有较好的基础。我若设法靠拢方程，则不仅有了联系实际的桥梁，且可获得全国常微界的支持。"

微分动力系统大致可分为两类：一类由常微分方程而来，时间 t 从负无穷到正无穷，因此是连续（时间）系统；第二类是映射的迭代，这类系统的时间是离散的，叫作离散（时间）系统。西方学派多从离散系统入手，取得突破，再向连续系统进行推广。例如，斯梅尔通过马蹄的模型说明映射有无穷多个周期点，进而说明所对应的所有流（flow）中有无穷多个周期轨道。前者是简化的数学模型，后者是真实的世界。这种先取截面后取返回的映射的方法，是可以将两种系统联系起来的方法。

《廖山涛论微分动力系统》

从离散系统扩展为比其高一维的连续系统没有本质困难，因为较高维的流中总能出现较低维映射中的现象。然而反之不然，即流中的现象并不总能出现在比其低一维的映射中。因此，连续系统中流的理论要比离散系统复杂得多。廖山涛将流称为常微系统，用他自己的话说，离散系统可以视为常微系统的一个"特款"。

廖山涛从一开始就未打算跟随国外学者的研究路线。他始终直面常微系统，如能解决常微系统的问题，那么离散系统的相应问题可以自然获得解决。这就在本质上决定了廖山涛研究路线的复杂与困难程度。此外，廖山涛还面临着信息闭塞、资料匮乏、没有团队等困难。更有少部分数学家对廖山涛表示不理解，认为他"背叛"了拓扑学。

20世纪60年代初，为了开展对常微系统的研究，廖山涛做了大量艰苦的准备工作。他桌上时常摆着一本翻旧了的、由苏联数学家涅梅斯基（V. V. Nemytsky）与斯捷巴诺夫（V. V. Stepanov）撰写的《微分方程定性论》（下册）。拓扑专门化的很多学生都曾注意到这个现象，只是当时不明所以，不知道这位拓扑老师为何要看微分方程方面的著作。

为了在微分动力系统这个全新的领域中探索出一条路，廖山涛经常彻夜工作。时常是在他房间的灯熄掉以后，黝暗中还有一点暗红色的烟头，发出一闪一闪的亮光，并不时地在房间中往返游动。廖山涛的烟缸经常堆成小山，如果说有一部分数学家是将咖啡变为定理，那么对廖山涛而言，则是香烟陪伴他取得了一个又一个的研究成果。

1963年，廖山涛用中文在《北京大学学报》发表了连载论文，取得了动力系统研究的第一项重要成果。他预见性地指出微分动力系统的研究"可能有一部分是拓扑的，也有一部分是统计式的"，而该论文就是为统计式的部分提供若干基础。廖山涛文中所称的诸态备经性质，现在称为遍历性。跟随廖山涛从事过博士后研究的孙文祥（北京大学教授）特别指出，在微分遍历论中具有基本重要性的乘法遍历定理（相当于线性代数中的若尔当标准型）最早是由廖山涛证明的，他在实质上已经确定出所有的李雅普诺夫指数。苏联数学家奥赛莱茨（V. I. Oseledets）证明此定理是在 5 年以后。

由于中外隔绝等原因，国际上将乘法遍历定理称为奥赛莱茨定理。然而不少数学家是有不同看法的。在 2017 年的一个国际会议上，孙文祥恰好在奥赛莱茨之后作报告，他在幻灯片中引用了乘法遍历定理，文献的标记顺序为廖山涛（1963）与奥赛莱茨（1968）。孙文祥多年来下苦功钻研廖山涛的著作，做出了许多重要的研究成果，特别是解决了廖山涛提出的若干问题。孙文祥还出版了研究生教材《遍历论》与《微分遍历论》，是廖山涛在微分遍历论方面的主要传人。

在对常微系统的研究当中，廖山涛逐渐开发出一种研究工具：典范方程组。这时廖山涛面临的最大困难出现了：没有时间。20 世纪 60 年代是国内政治运动的高发时期，所有的这些运动廖山涛都要参加。好在廖山涛平常不怎么讲话，发言则强调自己要理论联系实际，因而未受到太多的影响。用唐云（清华大学教授）的话来说："廖先生从不过问政治，政治似乎也无暇过问他。"

"文革"开始以后，学术研究被视为异端，所有的科学刊物都被迫停刊。在这种情况下，廖山涛仍挤出时间来悄悄地研究数学。他的寓所就如同一座桃花源，与周边的环境格格不入。很快，这种情形也被打破。1969 年秋冬之际，北京大学被下放到江西鲤鱼洲。那里的条件非常艰苦，住的房子都是草棚，上百人住在一起，即使想悄悄研究数学也绝无可能。廖山涛的主要任务是养猪，他干得非常认真，经常受到队里的表彰。谁能想到，当斯梅尔与帕里斯提出稳定性猜测的时候，廖山涛却在中国的江西养猪呢？

一年以后，廖山涛返回北京，从事的却是热控的工作，主要是用烙铁焊线圈，仍不能研究数学。不久之后，国内外的形势有了变化。1971年基辛格秘密访华之后，以杨振宁、陈省身为代表的海外华人科学家相继回国，纷纷建议加强对基础理论的研究。周恩来总理对此高度重视，指示科学院要抓好基础科学和理论研究，同时叮嘱周培源把北京大学的理科办好。可以说正是周总理的这一指示，使得廖山涛的数学研究出现了转机。

当时数力系的数学专业主任是程民德，他与廖山涛相识于1946年，那时两人都是北大数学系的助教，彼此非常了解。程民德对廖山涛极为欣赏，积极支持他从事微分动力系统的研究工作。系主任段学复宣布："廖山涛搞的这个研究很重要，要保护。"系里公认如果只能有一个人从事基础理论研究，那就是廖山涛。

廖山涛与程民德在峨眉山（1979年）

随着学术刊物的逐渐恢复，科学家们终于有阵地来发表自己的研究成果。上天总是垂青那些有信念与努力的人。以陈景润为例，他在"文革"当中曾被批判为修正主义苗子、安钻迷、白专道路典型，在住斗室、点油灯、身体极度虚弱的情况下，靠手写笔算的方式完成了著名的"1+2"论文，终以"陈氏定理"被载入史册。与陈景润类似，廖山涛的很多成果也是在"文革"中做出的，只是没有被宣传，知道的人很少。

当时国内文献资料极为匮乏，为了尽量得到国际上的最新进展，廖山涛绞尽脑汁，终于找到了一个办法。他常到位于和平街的中国科技情报研究所去查阅资料，从少数几本国外期刊中了解一些信息。他夜以继日地工作，简直就是拼命三郎。廖山涛喜欢用那种老式的、大开本、厚硬皮的横格本做研究，写作时往往会事先打好腹稿，这些稿子完成后稍加整理就可以发表。因此形势宽松以后，廖山涛很快便拿出了厚重的研究成果。

1974年，廖山涛在《数学学报》上发表了"典范方程组"的连载论文，系统阐述了他的这一方法。所谓典范方程组，是指通过活动标架将对流形上常微系统的相图的探讨，循适当的途径化为欧氏空间中的常微分方程组的讨论。与国际上以斯梅尔为代表的微分拓扑方法和以罗宾（J. Robbin）为代表的泛函分析方法相比，由于可以采用常微分方程理论中的方法，典范方程组拥有计算和定量估计上的方便。为了体现这一方法的威力，廖山涛小试牛刀，证明了 n 维流形上阿诺索夫系统的半结构稳定性。

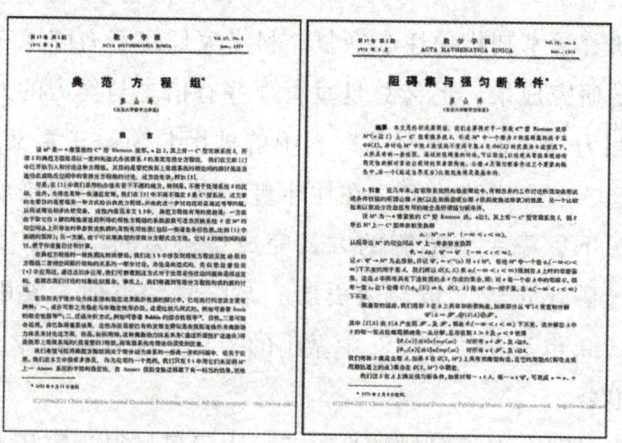

廖山涛在"文革"后期发表的论文

1976年，廖山涛在《数学学报》上发表了"阻碍集与强匀断条件"一文，提纲挈领式地提出了他独创的阻碍集方法。阻碍集是由阻碍点构成的集合，所谓阻碍点，即阻碍双曲性成立的点。为了寻找高维流形上动力系统结构稳定性的条件，斯梅尔与罗宾先后引进了双曲集、公理A、几何式横截与线性横截的概念。廖山涛所称的强匀断，实际上指的是罗宾的线性横截。运用阻碍集这一有力的研究工具，廖山涛得出了线性横截蕴含公理A的重要事实，并进而证明线性横截等价于公理A+几何式横截。

在短短十多年的时间内，廖山涛相继提出了典范方程组与阻碍集两个基本的概念。以这两个概念为核心，廖山涛在微分动力系统领域初步形成了一套独特的研究体系——廖山涛理论。这段时间是廖山涛工作强度最大、攻克问题最多的时期。考虑到这些成果大都是在"文革"期间取得的，那就更难能可贵了。

第六章　更上一层楼

6.1　老当益壮

　　1978 年 3 月，随着全国科学大会的胜利召开，科学的春天终于到来了。大会对先进集体、科技工作者和优秀研究成果进行了表彰，廖山涛的研究成果"大范围分析与结构稳定"荣获全国科学大会奖。在"文革"中，廖山涛只能单枪匹马一个人战斗，如今沐浴在科学的春风里，他考虑更多的是如何让动力系统这门学科尽快在中国发展起来。

廖山涛参加全国科　　　　1978 年全国微分方程
学大会的代表证　　　　学术会议部分代表合影

廖山涛首先想到的是争取全国常微分方程学界的支持。1978年8月26日，全国常微分方程学术会议在青岛召开，参加会议的有来自中国科学院的秦元勋，北京大学的廖山涛、张芷芬、丁同仁，南京大学的叶彦谦，复旦大学的金福临，山东大学的张学铭，福州大学的林振声等。廖山涛在会上作了综合报告，向常微界介绍了微分动力系统的基本问题，以及他建立的以典范方程组和阻碍集为核心的理论体系，影响极大。在这次会议上，廖山涛与常微界的很多学者建立了联系与友谊，得到了他们的大力支持。

青岛会议结束后不久，廖山涛与张芷芬、丁同仁合作在北京大学组织了全国第一个微分动力系统的讨论班。张芷芬，1957年毕业于莫斯科大学，获副博士学位，导师为涅梅斯基，主要从事常微分方程与拓扑动力系统的研究，是国内这一领域的开拓者之一。她于1983年晋升为教授，成为北大数学系的第一位女教授。丁同仁，1953年毕业于北京大学数力系，研究方向为常微分方程定性理论。两人对廖山涛的研究非常支持，并建议他们早年教过的微分方程专门化的毕业生董镇喜跟随廖山涛学习微分动力系统。董镇喜回忆说，转换方向难度很大，学习起来感觉像是在念天书，但却因此和廖先生的交往多了起来，两人在一起经常促膝谈心。

1978年国家恢复研究生制度，廖山涛于当年招收了张筑生、欧阳奕孺与文兰3位研究生。三人均是"文革"前入学的大学生。张筑生，1959年考入四川大学数学系，毕业后留校任教。欧阳奕孺与文兰分别在1962年与1964年考入北京大学数力系，由于"文革"的缘故，两人大学毕业后被分配到农村插队。文兰回忆说：

> "77年晚些时候传出大学要招研究生的消息。由于我大学是在北大念的，自然想回母校读研究生，但不知道报考谁。很多同学都准备报考当年教过我们的几位老师，我也有此打算，还异想天开地想学数理逻辑。我的姐姐与姐夫在北大数学系工作，他们给我出主意说廖先生的学问大，建议我报考廖先生。此前我一直在农村教书，根本不清楚廖先生的研究方向——动力系统，甚至连"动力系统"这四个字是什么意思都不知道。"

廖山涛（中）与张筑生（左）、文兰（右）在北大图书馆

那时北大刚恢复招收研究生，系里没有统一的课程，都是各个方向的老师自己解决开课的问题。廖山涛给研究生讲授黎曼几何，前后讲了3个月，整个过程中没有看过一眼讲稿。廖山涛并没有引导研究生学习自己的理论，而是让他们学习西方的理论和方法。在讨论班上，廖山涛对研究生作报告的要求只有4个字"甩开稿子"。这个要求看似简单，其实难度很大，迫使报告人把要讲的内容消化掉，全部记在脑子里。后来他们才知道这不只是对他们的要求，原来廖山涛一辈子就是这样要求自己的。

1981年，在廖山涛的指导下，张筑生、欧阳奕孺与文兰顺利毕业，获得硕士学位。其中张筑生在毕业论文《圆周上自同胚的嵌入流与变换群的作用》中解决了斯梅尔此前提出的一个公开问题：在球面 S^2 上，具有汇点或源点型的不动点是否在微分同胚空间中稠密。他结合苏联数学家 R. V. Plykin 与廖山涛星号系统的结果，只用了很短的篇幅便正面回答了这一问题。答辩委员会一致认为该文达到了博士论文的水准。

张筑生与欧阳奕孺毕业后留在北大跟随廖山涛攻读博士。文兰毕业后被分配到山东大学任教，1982年赴美留学攻读博士，1988年回国后到北京大学做博士后，导师仍为廖山涛。从此文兰与廖山涛的接触多了起来，研究方向和内容也开始慢慢向廖山涛靠拢。他与章梅荣、甘少波办了一个讨论班，专门学习廖山涛独创的理论和方法。文兰在微分动力系统的研究中取得了突出的研究成果，1999年当选为中国科学院院士。

较少有人知道的是，北京大学的首位博士是由廖山涛指导的。1981年年底，国务院学位委员会决定以中国科学院研究生院、中国科学技术大学与复旦大学等几所单位为试点，从1978级入学的研究生中遴选极少数优秀毕业生，授予博士学位。1983年5月27日，中国首批博士学位授予仪式在北京人民大会堂举行，共有18人荣幸地获得博士学位。遗憾的是，北京大学略微有些保守，否则张筑生肯定能成为中国首批博士成员之一。1983年7月，张筑生以论文《微分半动力系统的不变集》通过答辩，成为北大历史上自主培养的第一位博士，学位证书编号末尾两位为01。这份证书如今已成为北京大学的珍贵文物。

廖山涛指导的北大第一个博士张筑生的答辩现场

在此之后，廖山涛又相继招收了蒋云平、丁红宇、章梅荣、廖杰、曹崇生、岳澄波等研究生，对他们的成长耗费了极大的心血。在一次讨论班上，岳澄波报告到某处卡住了，想蒙混过关。只见廖山涛走到黑板前，写下了"一掴一掌血，一鞭一条痕"，使得岳澄波瞬间醍醐灌顶，受用终生。如今他们大都已成为动力系统的中坚力量。

除了培养研究生，廖山涛还动员自己"文革"前教过的部分北大毕业生进入动力系统。经过"文革"之后，这批学生大都到了不惑之年，然而对未来做什么却大大迷惑了。唐云记得"文革"一结束他便找到廖山涛，想将当年的专门化毕业论文整理发表，继续研究纤维丛的拓扑。廖山涛却对他讲要舍得放弃，并以自己的经历对他展示了微分动力系统的发展前景。在廖山涛的指导下，唐云学习了亚伯拉罕（R. Abraham）等的《横截映射与流》以及斯梅尔1967年发表的关于微分动力系统的综述。周作领在1979年到北京去寻求廖山涛的指点，廖山涛指示他阅读布劳克（L. Block）关于线段动力系统的文章。在廖山涛的点拨与建议下，唐云、周作领与熊金城等先后转入动力系统，在北京工业大学（清华大学）、中山大学、中国科学技术大学培养了一批优秀的人才。

值得一提的是，河北师范大学的陈藻平在这一时期和廖山涛建立了联系。陈藻平，1945年考入西南联大（北京大学）物理系，1949年考入北京大学数学系，跟随江泽涵攻读研究生学位，1952年毕业后被分配到河北师大数学系任教。1978年，河北师大数学系被批准招收研究生。对于如何培养首届研究生，陈藻平信心不足，便回到母校寻求江泽涵的帮助。江泽涵告诉陈藻平说廖山涛的研究处于国际前沿，建议他向廖山涛请教。通过与廖山涛的交谈，陈藻平了解到动力系统在现代数学中的重要地位。考虑到自己曾研究过拓扑与微分方程定性理论，具备一定的基础，再加上廖山涛全力支持的表态，陈藻平被廖山涛的学术成就和人格魅力深刻感染，当即决定在河北师大建立动力系统这一学科。

在陈藻平招收的首届研究生中有一位叫何连法，是笔者读大学时的数学分析老师，正是在他的课程中笔者第一次知道了混沌的概念。何连法，1962年考入北大数力系，毕业后辗转在各地工作，最终在"文革"后期来到位于保定的华北电力大学任教。何连法是石家庄人，由于父母身体不好需要人照顾，一直想调回石家庄，无奈学校就是不放行。当时报考研究生任何单位都不能阻拦，何连法便报考了河北师大的研究生。陈藻平得知竟然有一位北大毕业生来报考，而且已经是大学老师，当即表示不管成绩如何都录取。

1988年廖山涛（前排左4）到河北师大指导工作

1980年暑假，陈藻平在河北师大举办了一个动力系统的小型讲习交流活动。石家庄在夏季非常炎热，而讲课用的教室却连台电扇都没有。廖山涛不顾酷暑接受了邀请，与张芷芬、丁同仁一起参加活动，并作了题为"微分动力系统"的报告。这次活动之后，廖山涛把自己编写的讲义"黎曼几何快速介绍"和讨论班上的讲稿寄到河北师大，并推荐了部分参考用书。何连法毕业后留校任教，他与陈藻平通力合作，克服了种种困难，终于在河北师大建成了这门学科。现北大数学院的刘培东、孙文祥都是从河北师大出来的。在廖山涛的鼓励与支持下，河北师大的基础数学被列为河北省重点学科，并于1998年获得博士学位授予权，这在地方高校中是非常难得的。

为了进一步推动微分动力系统在中国的发展，廖山涛与常微界的几位学者于1981年10月在浙江杭州组织召开了全国流形上动力体系学术讨论会。在筹备会议的过程中，廖山涛不仅注意到微分动力系统与常微分方程的联系，还十分重

廖山涛（前排右4）主持召开全国流形上动力体系学术讨论会

视应用，邀请了物理、力学与计算方面的学者，如黄永念、李文绚等人，参加学术会议。这次会议总结了国内在动力系统方向的主要成果，介绍了国际上的研究动态以及主要流派的基本理论。

廖山涛经常利用各种机会向数学界介绍动力系统这门学科，希望引起他们的注意和重视。1982年中国数学会在沈阳召开理事会，廖山涛应邀作了"流形上的动力系统介绍"的综合报告。在1985年中国数学会在上海举办的纪念学会五十周年的学术会议上，廖山涛又作了"微分动力体系中周期轨道的扰动与稳定性问题"的大会报告。

从20世纪70年代末到80年代初，廖山涛花费了大量精力去推动国内微分动力系统的发展。1983年第四届微分几何与微分方程国际讨论会（简称DD4）在北京召开，大会的主题是微分方程与动力系统。廖山涛担任这次会议组织委员会的主席。莫泽（J. Moser）、舒伯（M. Shub）等十多位国际学者做了演讲，国内更是有一百多人参会，绝大多数都在会议上报告了自己的研究成果。廖山涛特别希望斯梅尔能来参会，委托在伯克利访问的唐云去询问斯梅尔，可惜后者由于时间冲突不能参会。这次会议国内外学者汇聚一堂，交流了学术成果。在廖山涛的推动下，动力系统在中国开始呈现出繁荣的景象。

在筹备DD4的过程中，会务组收到了一篇题为"平面上自同胚可嵌入连续流的条件"的手稿，该文的作者是广西大学的讲师麦结华。麦结华在1978年考取了广西大学龙季和的

1983年DD4会议合影

研究生，毕业后留校任教。廖山涛记得这位当年的优秀毕业生，便给他签发了正式会议代表的通知书。麦结华回忆道："廖先生主持DD4会议并安排我参加，对我的工作的影响是很大的。DD4会议是有名额限制的，会议的正式代表绝大多数是副教授以上，而我当时只是讲师。我相信这完全是因为廖先生和北大其他老师对我的信任和鼓励。"

在DD4上，麦结华时隔多年再次见到了廖山涛。不久之后，麦结华受邀到北大数学系作访问学者。后来麦结华才知道这是廖山涛的意思。在北大访问的半年里，麦结华追随廖山涛的研究，创造了椭球列方法，给出了 C^1 封闭引理的几何式证明。这是一项有世界水平和国际影响的重要工作。麦结华自己也觉得完成了平生最得意的一项工作，度过了有生以来最舒适愉快的半年，用他自己的话说："那里空气是多么清新，环境是多么幽静。"这次访问对麦结华的学术生涯产生了重大影响，他在1985年被破格提升为教授，1990年当选为博士生导师。

廖山涛重视理论研究，支持复动力系统与分形几何等新的方向。他同样重视实际应用，曾亲自到化学实验室观察某种化学反应产生的混沌，而这些现象在胆结石形成机理中产生了很大的作用。从北京到全国各地，一大批中青年工作者在廖山涛的直接或间接关怀下成长起来，形成了一支蔚为可观的研究队伍。可以说，廖山涛一手开创了今天中国动力系统的大好局面。

6.2 飞鸟翱翔

改革开放以后，中外学术交流逐渐得到恢复。1979年陈省身从加州伯克利大学退休，学校为他举行了盛大的微分几何会议，杨振宁、阿蒂亚（M. Atiyah）、丘成桐等三百多位数学家与会，盛况空前。作为陈省身在大陆的学生，吴文俊与廖山涛也应邀参加。这是廖山涛1956年回国之后再度来到美国。伯克利不仅是微分几何的中心，也是微分动力系统的中心。别的不说，斯梅尔就在那里任教。会上廖山涛介绍了自己的研究工作，动力系统的名家们纷纷向他致意："没想到中国有人做出这么好的工作！"

廖山涛在旧金山（1979年）

正是在这次会议上，廖山涛见到了神交已久的斯梅尔。那时张恭庆作为中国首批访问学者正在美国访问，特地从东部赶来参会，当看到廖山涛也来参会时非常高兴，那几天便经常和他在一起。其间张恭庆见到廖山涛与斯梅尔作了一次深入的交谈，虽然他不知道谈话的具体内容，但从交谈结束后的情绪来看，廖山涛明显很高兴，有一种遇到了知音的感觉。斯梅尔的很多学生则向张恭庆询问廖山涛用中文发表的文章，并计划将其翻译成英文。通过这次交流，部分西方学者开始知道廖山涛在微分动力系统方面的成果。

在推动国内动力系统蓬勃发展的同时，廖山涛以更为旺盛的精力投入研究工作当中。在北京市数学会1979年召开的年会上，廖山涛对常微系统结构稳定性的研究进行了回顾与前瞻，指出微分动力系统中的一个主要问题是稳定性猜测。基于此前建立起来的理论体系，廖山涛向稳定性猜测发起了冲击。

稳定性猜测与结构稳定性的概念密切相关。1962年，佩肖托对二维流形上的动力系统给出了结构稳定性的充要条件。斯梅尔将此条件推广到高维流形，关键一步是建立双曲集的概念，而马蹄的发现就是建立双曲集概念的主要动因。相应于佩肖托判别条件的高维形式，基于双曲集的概念，帕里斯与斯梅尔在1970年就离散系统提出了两个重要猜测，其主要内容是：

猜测①：结构稳定性$\Longleftrightarrow$公理A+强横截。

猜测②：Ω稳定性$\Longleftrightarrow$公理A+无环。

廖山涛与斯梅尔（1996年）

Ω 稳定性是比结构稳定性稍弱的一个概念，即结构稳定蕴含 Ω 稳定。两个猜测的充分性证明分别由罗宾-罗宾逊（Robinson）与斯梅尔在20世纪70年代初给出。进一步，皮尤（C. Pugh）-舒伯与罗宾逊对于常微系统也证明了充分性，被称为"稳定性定理"。与之相对的是，必要性的证明则十分困难，渐渐被称为"稳定性猜测"，并在很长一段时间内被称为动力系统的"中心问题"（central problem）。舒伯在他的著作中写道："中心问题确实是中心的（The central problem is really central）。"

在微分动力系统结构稳定性的研究当中，封闭引理起着基石的重要作用。简单来说，就是通过扰动将一个几乎周期的轨道变成真正的周期轨道。1967年，美国数学家皮尤发表长文证明了这一引理。廖山涛从一开始便注意到封闭引理的重要性，他在"文革"时期便得到了 C^1 封闭引理的证明，而且比皮尤的结果更广泛。1979年，廖山涛将该结果以中文发表在《北京大学学报》。

1980年，在复旦大学主办的《数学年刊》（*Chinese Annals of Mathematics*）创刊号上，廖山涛发表了《关于稳定性推测》（On the stability conjecture）的论文。他运用自己独创的阻碍集与"筛滤"引理等工具，成功地对三维无奇点常微系统证明了稳定性猜测。通过取扭扩，便自然证明了二维离散系统的稳定性猜测。

由于廖山涛的这篇论文是用英文写作的，很快便在世界范围内引起了震动。日本数学家白岩谦一（Kenichi Shiraiwa）回忆起当时的情景说：

"我们原先知道中国数学家在常微分方程领域很强，但不知道他们在动力系统领域也很强。这是因为中国数学家获得的结果大多在中文杂志上发表，而中国以外的大多数人不能阅读中文文献……我以前的一位学生也开始阅读廖教授用中文发表的工作。"

廖山涛（前排左1）参加《数学年刊》编委会第二次会议

　　作为微分动力系统的发源地，巴西在这个领域有着极强的研究实力。1978 年，IMPA 的乌拉圭裔数学家马涅（R. Mañé，1948—1995）在一个附加条件下对二维离散系统证明了稳定性猜测，而廖山涛的证明则不附带任何条件。IMPA 的图书馆恰好收录了这本新创的中国数学期刊，据巴西的数学家后来告诉文兰，刊载廖山涛文章的那期《数学年刊》被翻阅得不像样子了。

　　在微分动力系统的研究中，离散系统更容易出结果。斯梅尔的学生弗兰克斯（J. Franks）曾这样说："常微系统比离散系统要复杂和困难，所以定理总是先在离散系统中被证明，而反例通常首先在常微系统中被发现。"然而就稳定性猜测而言，廖山涛对常微系统取得的结果比离散系统还要早与好。由此可见廖山涛这一成果的量级。

为了攻克稳定性猜测，廖山涛进一步引进了极小歧变集的概念，探讨了有关非游荡集是否有双曲构造的问题，对阻碍集理论进行了深入细致的开发，得到了稳定性推测的一个等价命题。这个结果于1981年以"阻碍集（II）"为题发表在《北京大学学报》。第二年，美国《数学年刊》刊出了巴西学者马涅的一篇长文，被国际上认为是当时稳定性猜测的最高成就，实际上却只是廖山涛《阻碍集（II）》的特殊情形。华人学者万业辉（Yieh Hei Wan）后来在《数学评论》上点评廖山涛这篇论文时写道：

> "作者从阻碍集的角度引入了一种解决微分动力系统稳定性（以及分叉）问题的新方法，看起来威力无穷。（Thus the author introduces a new approach to the stability (and also bifurcation) problem in differential dynamical systems in terms of obstruction sets, etc., and it seems to be very powerful.）"

1984年，廖山涛进一步证明了四维无奇点常微系统与三维离散系统的稳定性猜测。出人意料的是，这个成果发表在《应用数学与力学》杂志上，这是一本由重庆交通学院（现重庆交通大学）新创的期刊。当时国内把文章投到国外发表仍是少数现象，数学家们有了好的研究成果一般会优先选择《中国科学》或《数学学报》这样的国家级期刊。廖山涛对杂志的级别丝毫不以为意，此前他有不少论文发表在《北京大学学报》，这次干脆是一本新创的期刊。原来有一天《应用数学与力学》的编辑到廖山涛家中征稿，恰好廖山涛有篇稿子在抽屉里，便给了编辑。廖山涛有一段名言："有本事的人靠文章捧杂志，没本事的人靠杂志捧文章。搞学问的人文章发表了，假如有几个同行看过了，茶思饭后聊起来，说是某某人出的主意还不错，就应该满足了。"

廖山涛这些以中文发表的论文代表着国际上的最高水准

在很长的一段时间内，廖山涛代表着国际上的最高水平。微分动力系统最艰深的问题不是由美国、俄罗斯或者西欧的数学家解决的，而是由来自中国的廖山涛和巴西的马涅解决

纪念马涅70周年诞辰的海报（来自2018年里约热内卢ICM卫星会议）

的。廖山涛和马涅被誉为是微分动力系统的两大支柱。两人虽未谋面，却又神交已久，彼此惺惺相惜。马涅对廖山涛非常仰慕，而廖山涛对马涅也极为欣赏。1988年，马涅成功地对任意维离散系统证明了稳定性猜测。廖山涛认为马涅完全有资格获得菲尔兹奖。遗憾的是，马涅最终没能获奖，他本人也在1995年正值年富力强之际不幸去世。

常微系统的稳定性猜测比离散系统更为复杂，它有着额外的难度——奇点问题。离散系统的不动点与非不动点在双曲性上没有本质区别，但常微系统的奇点与非奇点在双曲性上却有本质区别。奇点的存在很大程度上相当于破坏了流形的紧致性，给整个问题带来了极大的困难。廖山涛始终直面常微系统的稳定性猜测，他的一系列工作为根本上解决奇点问题做了系统的、全面的准备，至今仍然起着重要的作用。

在攻克稳定性猜测的过程中，廖山涛与马涅彼此独立地（廖山涛更早一些）注意到了一个更强的所谓的星号系统问题：如果周期轨道在扰动下不逼近奇点，那么星号系统是否满足公理A+无环？由于星号系统的要求条件非常弱，而公理A+无环的性质却如此强，因此一般不敢设想这样的问题。廖山涛在形式上没有将它提成一个猜测而是作为问题提出，他倾向于答案是正面的。显然，这个问题实际上蕴含了稳定性猜测。

爱因斯坦曾经说过："提出问题往往比解决问题更重要。"廖山涛不仅像青蛙一样善于解决问题，更能够像飞鸟一样提出问题。[①] 星号系统问题对微分动力系统有着深远的影响，廖山涛对这个问题做了基本性的贡献。他证明在"强分离"的条件下，星号系统蕴含公理A+无环。这是微分动力系统当时最高的成就，足以俯瞰世界。有关星号系统问题的后续发展精彩纷呈，我们暂且按下不表，待以后的章节再详细论述。

这一时期，熊金城在意大利访问期间曾遇到了动力系统的一位国际权威，对方表示廖山涛的研究非常好，但他只能从英文摘要中了解情况，不过他们那里已经有年轻人在学习中文。唐云在伯克利访问期间则见到了皮尤，后者表示注意到了廖山涛关于 C^1 封闭引理的工作，但也只能看英文摘要。当熊金城、唐云将这些情况告诉廖山涛之后，廖山涛只是微笑作为回应，偶尔也开个玩笑："就让他们先学好中文再来看好了，既然中国人读外国文献要先学英文，外国人读中国人的论文为什么不可以让他们先学中文呢？"

---

① 这个比喻来自英国著名物理学家、数学家戴森（F. Dyson）2009年在《美国数学会通讯》发表的文章《飞鸟与青蛙》（Birds and Frogs）。

第七章　永恒的丰碑

7.1 世界大奖

　　全国科学大会后，中国科学院学部活动得到了恢复。中国科学院曾于 1955 年和 1957 年分两批选聘了 190 位自然科学方面的学部委员。"文革"结束后，有 $\frac{1}{3}$ 的学部委员已经去世，其余的平均年龄超过 73 岁，亟需增选新的学部委员。1979 年 7 月，中国科学院正式开展增补工作。1980 年 10 月，各学部选举出 283 位学部委员。遗憾的是，由于当时国内对微分动力系统这门学科了解不多，廖山涛在此次选举中落选了。

　　准确地说，在很长的一段时间内，廖山涛在国内根本没有同行，即使他的研究生们也只对他有一个抽象的认识——先生很棒，其他具体的都不太知道。早在求学时期，廖山涛便对分数、成绩甚至学位都不以为意，自然不会将这件事放在心上。但他的很多同事、好友甚至学生都为他感到不平，不少人看在眼里，急在心上。

　　与此同时，国家也恢复了评选科学奖的活动。中国科学院曾在 1956 年颁发"中国科学院科学奖金"，后来被追溯为首届国家自然科学奖。当年一等奖的获得者分别为华罗庚、钱学森与吴文俊，可谓实至名归。当 1982 年国家再次评奖时各个单位都极为重视，纷纷动员自己所在单位的科研人员进行申报。廖山涛对报奖没有任何意愿，几乎没人能劝得动他。然而当程民德找到他时，廖山涛答应了。程民德曾在艰难的"文革"岁月中支持他研究微分动力系统，他必须回馈老友对自己的这份信任。

　　经过评选，廖山涛的"微分动力体系"获得国家自然科学二等奖。由于评奖活动一度中断20多年，科学家们纷纷把自己压箱底的成果拿了出来，激烈程度可以说是空前绝后。

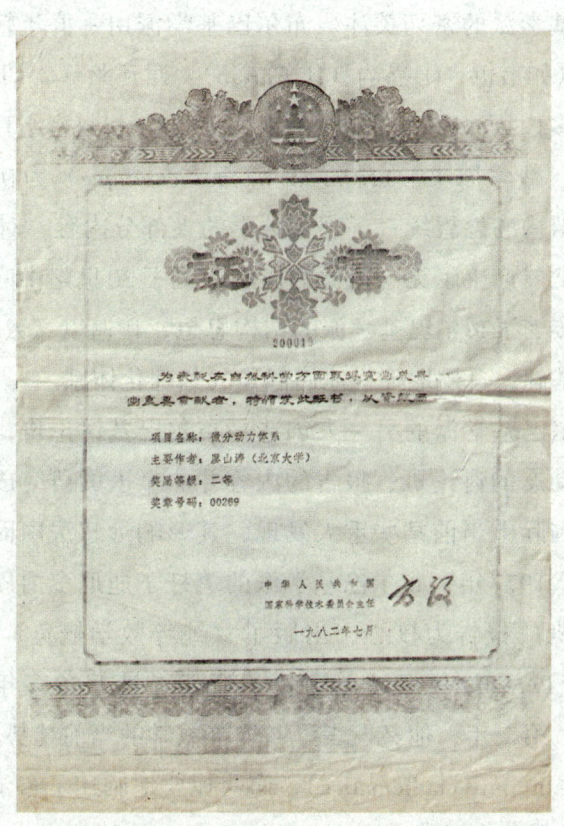

廖山涛荣获1982年国家自然科学二等奖

由于一等奖的名额十分有限，许多优秀成果最终只能拿到二等奖。国内对微分动力系统的认识虽然有了很大的提高，然而与国际上的重视程度相比，仍有一定的不足。实际上，廖山涛的这项研究成果是有资格获得一等奖的。与之类似的还有中国科学院计算中心的冯康，他的"有限元方法"也只获得了二等奖，成了他一辈子的遗憾。这些主要是时代的因素造成的。

进入到1970年代，微分动力系统受到国际数学界特别是布尔巴基学派的密切关注。布尔巴基学派由一群年轻的法国数学家（如韦伊、H.嘉当（H. Cartan）、谢瓦莱（C. Chevalley）与迪厄多内（J. Dieudonné）等）在1930年代秘密组建，他们以编写《数学原本》（*Éléments de mathématique*）为初衷，成功地用结构的思想统一了现代数学的大部分内容，对20世纪的数学发展产生了无与伦比的影响。到了20世纪中叶，数学界广泛接受了布尔巴基学派的结构思想，普遍以《数学原本》为学习基础，自发地推行他们倡导的公理化体系。

布尔巴基学派的另一大创造是布尔巴基讨论班，这是一种数学动态的讨论班，报告的内容并非个人的研究成果，而是介绍国际上当前某些重大发现，其影响远超法国而遍及整个世界。1977年，布尔巴基学派的笔杆子迪厄多内以布尔巴基讨论班的报告为核心，出版了《纯粹数学概览》（*A Panorama of Pure Mathematics*）一书，概述了最近20多年来的数学进展。第二年，他又发表了《纯粹数学的当前趋势》（*Present trends in pure mathematics*），简明扼要地阐述了布尔巴基学派对现代数学的认识与看法。

布尔巴基学派把数学主流学科分为 A，B，C，D 四个等级。A 级是数学的最上层建筑，其下面是 B 级，依次类推，D 级最为基本，主要是集合论等基础学科。A 级学科包括代数拓扑与微分拓扑、微分几何、常微分方程、遍历论、偏微分方程、非交换调和分析、自守形式与模形式、解析几何、代数几何与数论。在常微分方程中，布尔巴基学派重点提到了结构稳定性的概念以及由此引发的稳定性猜测，由此可见其对微分动力系统的重视。

随着国际上对微分动力系统这门学科的关注与日俱增，廖山涛的研究成果也开始为越来越多的国外学者所称道。1986 年 2 月 22 日，廖山涛忽然收到第三世界科学院发来的电报，高兴地通知他获得该院首次颁发的数学奖，这正是本书开篇的那一幕。

第三世界科学院成立于 1983 年 11 月，总部位于意大利的里雅斯特，由诺贝尔物理学奖得主萨拉姆倡议成立并担任创院主席。萨拉姆还于 1964 年在意大利的里雅斯特成立了国际理论物理中心（简称 ICTP），作为一名巴基斯坦的物理学家，萨拉姆对中国怀有深厚的感情，曾多次访问过中国，受到过毛泽东主席的亲切接见，并与周恩来总理建立了深厚的友谊。应萨拉姆邀请，中国从 1979 年开始派遣科学家前往 ICTP 学习交流。

1985 年，第三世界科学院决定设立基础科学奖，共分为数学、物理、化学与生物四个奖项，其主要目标是使所有发展中国家科学家创造的高质量研究成果得到应有的重视和承认。收到获奖电报后廖山涛非常高兴，感到自己多年来的研究在世界范围内得到了承认。然而他的第一反应竟然是不去领奖，原因是浪费时间。

考虑到这件事对中国数学界而言意义重大，很多人都劝说廖山涛去领奖。恰好董镇喜曾在1984年到意大利参加过一个动力系统的国际会议，并在ICTP访问过几个月的时间。鉴于董镇喜对第三世界科学院与ICTP的情况比较熟悉，廖山涛最终同意在董镇喜的陪同下到意大利去领奖。

由于意大利大使馆的效率很低，廖山涛他们等了很长的时间才拿到签证，差点赶不上颁奖日程。1986年10月的一天，廖山涛在董镇喜的陪同下飞往欧洲。他们首先到达德国法兰克福，并在当地住宿一晚，其间受到了中国驻德国使馆人员的热情招待。

1986年10月26日，时年66岁的廖山涛在意大利的里雅斯特度过了一天难忘的时光。当天上午，第三世界科学院召开理事会，选举廖山涛为该院院士。第三世界科学院成立之

中国科学院院长卢嘉锡在主席台就座并向廖山涛表示祝贺

初共有院士42人，华人有华罗庚、陈省身、杨振宁、李政道与丁肇中，其中华罗庚为创始院士，陈省身等人为外籍创始院士，由此可见其含金量。廖山涛是继华罗庚、姜伯驹之后第三位当选为第三世界科学院院士的中国数学家。

当天下午，第三世界科学院在ICTP举行了隆重的授奖仪式，国际上的很多著名科学家出席了大会，盛况空前。萨拉姆院长亲自主持仪式并致辞，他向廖山涛颁发了金质奖章和一万美元的奖金，并宣布正式选举他当选第三世界科学院院士。与廖山涛一同获奖的还有印度的E. Sudarshan（物理奖）、巴西的De Meis（化学奖）、巴基斯坦的S. Siddiqi（化学特别奖）。廖山涛上台领奖并沉着地作了学术演讲。第三世界科学院理事会成员、院士、中国科学院院长卢嘉锡在主席台就座，向廖山涛表示了隆重祝贺。

廖山涛在第三世界科学院授奖仪式上作学术演讲
（1986年10月26日）

这次颁奖在国际上产生了很大影响，很多媒体都作了报道，当地的报纸则以显赫的标题称赞廖山涛等人为"第三世界科学院的诺贝尔奖获得者"。其实早在颁奖之前，一些报纸就对此事给予了关注。1986年7月2日《金山时报》刊发了一则"第三世界科学院与数学奖"的通讯，对廖山涛的获奖与研究信息进行了报道。

授奖仪式结束以后，联合国教科文组织中方官员于渌（时任ICTP凝聚态理论部主任，1999年当选为中科院院士）通知廖山涛与董镇喜继续参加一个南南科学合作会议。廖山涛一愣，便问董镇喜什么是南南会议，后者也只能摇头。后来他们才知道是发展中国家的合作会议。会议的规格很高，萨拉姆主持了会议，卢嘉锡也参加了这次会议，其中的一项重要议程是商讨第二年在北京召开的第三世界科学院第二次大会。

的里雅斯特地处意大利东北部，与马可波罗的故乡威尼斯相距不远。趁此机会，廖山涛与董镇喜一同游览了威尼斯。廖山涛心情不错，请董镇喜喝咖啡，深情地对他讲："老董，我要是年轻20岁就好了，我还有很多研究工作需要去做，希望能为国家做更大的贡献，培养更多的人才。"董镇喜回想起这些经历说："颁奖照片都是ICTP拍的，我没能给廖先生这次意大利之行留下什么照片，那时没有这个意识，现在来看太遗憾了。"11月2日，廖山涛与董镇喜乘机返回北京。

廖山涛荣获的第三世界科学院首届数学奖，是那时中国数学界所获得的最高荣誉，也是中国科技界获得的最高荣誉之一。1986年11月15日，北京大学为廖山涛举行了规模盛大的庆祝活动，国家教委副主任杨海波，北京市委常委、市科委主任陆宇澄，著名数学家吴文俊、王元，清华大学党委书记李传信，廖山涛的学生及数学系师生代表数百人参加了大会。丁石孙、杨海波、陆宇澄、吴文俊、李传信及学生代表先后发言，向廖山涛表示热烈祝贺。吴文俊幽默地贬语褒用，用"若要人不知，除非己莫为"称赞了廖山涛的为人与治学成就，引发了现场观众的阵阵掌声。

这项世界大奖在很大程度上给廖山涛在科学界带来了知名度。第二年，廖山涛的研究成果"微分动力系统稳定性研究"众望所归地获得国家自然科学一等奖，而支撑这一国家奖的主要成果之一，却发表在一本不知名的新创中文期刊上，这在今天完全是不敢想象的事情。廖山涛也成了为数不多的两获国家自然科学奖的中国数学家。实事求是地说，廖山涛此次获奖的研究工作无论是从数量还是质量都难说超过了1982年那次。这个奖项多少有点补偿廖山涛的意味。1991年，

廖山涛荣获1987年国家自然科学奖一等奖

廖山涛毫无悬念地当选为中国科学院学部委员。如果仅从当选学部委员的年龄（71岁）来看，廖山涛真可以说是大器晚成了。

7.2 相得益彰

1982年获得国家自然科学二等奖之后，廖山涛的研究开始受到广泛的重视。在当年8月份的一天里，廖山涛忽然收到了来自钱学森的一封信件，内容如下：

廖山涛教授：
　　我首先为您荣获国家自然科学奖谨致衷心的祝贺！

1982年8月13日钱学森致信廖山涛

因我想微分动力体系实际上也就是系统的描述，您的工作与系统理论有关系。我很想读您的有关文章，但手头有的只1973年1期《中国科学》上的那一篇。您如有其他文章的抽印本，并寄我一份，我将十分感谢！

钱学森的名字在中国可谓家喻户晓，被誉为中国导弹之父。他早年留学美国，师从空气动力学大师冯·卡门（von Kármán），1955年回国后创建中国科学院力学研究所与国防部第五研究院，为中国科学的发展与导弹、航天事业做出了重大贡献，是两弹一星功勋奖章获得者和"国家杰出贡献科学家"荣誉称号的唯一获得者。20世纪80年代钱学森退居二线，这时他的思想更加活跃，致力于将自然科学与社会科学融合，建立系统科学的体系。钱学森对系统科学的兴趣可以追溯到20世纪50年代初期撰写的《工程控制论》，这本著作荣获1956年国家自然科学一等奖。

1982年7月10日，在"北京系统论、信息论、控制论中的科学方法与哲学问题学术讨论会"上，钱学森作了题为"系统思想、系统科学和系统论"的报告，指出系统科学的基础应该是系统学。在建构系统学的过程中，钱学森参考了贝塔朗菲（L. V. Bertalanffy）、普利高津（I. Prigogine）、哈肯（H. Haken）、费根巴姆（Feigenbaum）、廖山涛的研究工作，他对此颇为兴奋：

"同志们，我在这里引用的构筑系统学的建筑构件都是国外科学家们的工作。难道就没有可用的中国科学家的工作吗？当然有，我不知道罢了。我最近才知道北京大学廖山涛同志的微分动力体系理论是和系统学密切相关的。"

1986年1月7日，钱学森建立了系统学讨论班，邀请中国科学院、中国社会科学院、北京大学、北京师范大学、国防科委、航天工业部和国务院发展中心等单位的学者参加讨论。在第一次讨论班上，钱学森做了关于建立系统学的学术报告，指出系统学应包括微分动力系统、混沌和奇异吸引子理论、分形以及非线性动力系统等理论。应钱学森的邀请，廖山涛多次参加讨论班并作专题学术报告。钱学森充分肯定了廖山涛的研究工作，认为在他构建的系统学的体系中，微分动力系统占有十分重要的地位。

参加钱学森的讨论班也使得廖山涛获益匪浅。国外的著作一般将微分动力系统定义为流形上的常微分方程。廖山涛认为这种说法并没有给出什么有用的信息。通过参加讨论班，听取诸多专家做系统学方面的报告，他对微分动力系统有了更高层次的认识。1988年，在中国自主编写的第一本大型数学辞典《中国大百科全书·数学》中，廖山涛亲自撰写了微分动力系统的条目，首次简明扼要地介绍了这门学科的历史渊源、研究内容、最新成果与发展趋势，并特别将微分动力系统定义为有关系统演化规律的数学分支。

除了钱学森，曾担任北京大学校长的周培源也对廖山涛的研究成果极为欣赏。周培源是中国近代力学和理论物理的奠基人之一，他早年负笈美欧，先后跟随海森堡（W. Heisenberg）与泡利（W. E. Pauli）研究量子力学，参加过爱因斯坦的相对论研讨班。全面抗战期间，周培源奠定了湍流模式理论的基础。"文革"后期，正是周培源在周恩来总理的指示下恢复了北京大学的基础理论研究，廖山涛也因此受益。有一次廖山涛介绍完自己的工作，周培源对他说："你的阻碍集里面有湍流。"廖山涛认为出现阻碍点表示相图结构开始受到破坏，在扰动下的突变性质则可以视为常微系统的"湍流"。

在与钱学森、周培源两位学术大师的交往中，廖山涛的思想实现了升华。他们彼此之间互相钦佩，相得益彰，是中国现代学术交往中的一段佳话。1989年4月，廖山涛发表了《关于我的微分动力系统稳定性研究》，阐述了他对微分动力系统的总体认识：

> "微分动力系统是一门有关系统演化规律的数学学科，着重于整体性和大范围的研究，主要研究的是当系统有某种扰动时，有哪些不变性质，有哪些性质突变。这些不变性质包括重要的结构稳定和 Ω 稳定。这些突变性质包括由出现分支走向"瞬息万变"（这在理论上也是存在的，可称为常微系统的"湍流"现象）。这研究任务是长期的，存留许多待解决的难题。对有些问题，相信阻碍集和极小歧变集将继续起一定的作用。"

从20世纪80年代开始，廖山涛对应用数学开始表现出特别的兴趣，曾不止一次对身边人说如果年轻20岁就要改行研究应用数学。对于王铎和唐云用动力系统理论方法去研究的一些应用项目，廖山涛提出可归纳为应用动力系统，他还积极鼓励与支持唐云用阻碍集去研究湍流问题。廖山涛认为在21世纪的数学发展历程中，应用将占愈来愈重要的比重，也将为数学的创新提供最丰富的源泉。这一观点如今已深入人心。

第八章　无尽的怀念

8.1 晚年生涯

自 1956 年回国任教以后，廖山涛一直居住在蔚秀园中的那座独门小院中，他很喜欢那里的环境。廖山涛的生活十分俭朴，总是穿着那件蓝色的上衣，饮食也很一般。他的书房摆设十分简单，一张用了几十年的书桌，旁边摆着几把椅子。很多同学到廖山涛家中拜访时，才发现这位世界级学者的住所竟如此简陋。然而正是在这间"陋室"中，诞生了令世界震惊的以典范方程组与阻碍集为核心的廖山涛理论。

1983 年廖山涛迁入中关园，从此一直在这间书房工作

廖山涛做事极讲原则。当时廖山涛家中剩下不少粮票，很多人将其换为鸡蛋或者其他食品，但他认为粮票做别的用途于国家无益，坚决不做这类事情，直到家中粮票全部作废。但对朋友、同事与学生，廖山涛则十分慷慨。叶彦谦、熊金城等到北京出差，廖山涛每次都要请他们到附近的餐馆吃饭，并且还要雅座，美其名曰"花钱买清净"。1981年杭州会议召开前夕，廖山涛与其他几位数学家从福州赶来参会，文兰等几位学生热闹地去接站，结果当天风雨交加，一行人虽然带了雨具，最后还是被淋湿了衣服。这时又是廖山涛带领大家到饭馆撮了一顿，温暖瞬间流遍每一个人的全身。

1983年，北京大学要在蔚秀园建幼儿园，廖山涛离开了居住27年的小院，迁入中关园43号楼。系里的同学们闻讯后都去帮忙搬家。当大家将家具搬入中关园后，廖山涛已经在桌子上摆好了倒满红葡萄酒的杯子。郑志明（北京航空航天大学教授、北京大学教授、中国科学院院士）回忆说："廖先生对学生充满着关心与关爱，是师生关系的典范。偶尔学生们帮助他做点小事，他心中总是充满感谢。"1991年廖山涛当选为学部委员，学校有意为他换一套更好的房子，但被他拒绝了。

由于长年艰苦的工作，加之作息习惯不好、抽烟太多等因素，到了80年代中期以后，廖山涛的身体状况出现了明显下降。章梅荣记得在1985年的某次讨论班上，在不到两节课的时间内廖山涛便抽完了一包烟，之后不久心脏病便发作了。廖山涛患有高血压与冠心病，手颤抖得厉害，以至于写字都非常困难。廖山涛一边治病，一边以顽强的毅力坚持开展研究工作。1989年，为了解决常微系统的奇点问题，廖山涛创造性地提出了"重整化"（rescaling）的思想，成为分析向量场奇点附近动力行为的利器。

　　廖山涛从不主动报奖。第三世界科学院首届数学奖是直接授予他的，两次国家自然科学奖都是老友程民德的动员，希望他考虑集体荣誉等原因才提交的申请。廖山涛几乎从不申请研究基金。第三世界科学院曾资助他一笔研究经费，但他从未使用过。国家自然科学基金委动员他申请重点基金，他坚决不干，为的是把机会留给年轻人。很多人告诉他购买图书、复印文献可以用基金报销，他回应说："又不开书店，买那么些书干什么？"每次写信或者邮寄文章，廖山涛都是自费邮寄。其实廖山涛的经济并不宽裕，后来请朋友与学生们吃饭渐渐不要雅座，最后就在家里了。直到得到第三世界科学院的奖金时，他的经济压力方才有所缓解，说道："我有点钱养老了！"

　　进入到90年代以后，廖山涛接连发表了多篇论文，对向量丛动力系统进行了密集的研究，同时撰写了大量没有发表的论文手稿。当时部分数学家已经配备了电脑，写作时修改起来很方便。廖山涛听说后很有兴趣，想买一台只用于录入的低档电脑。后来廖山涛终于有了一台电脑，大家一问才知道他仍然是自费购买的。

　　在生命的最后几年当中，廖山涛不时被送到医院抢救，医生要求他长期住院，结果没过几天他未经医生许可径直回家去了。他的家人与学生对此都非常担心，但却没有任何办法。有一年廖山涛在北医三院住院，文兰前去探望。在进入病房之前，透过门上的玻璃，文兰看到病床头有个小桌子，那原本是为病人放开水、饭盒的地方，廖山涛就在那里安静地做研究。这一幕令文兰无比动容、永生难忘。

在偶得空闲的时候，廖山涛也读些其他著作。其实廖山涛也有很多其他方面的才能，比如文学、历史，但他有意识地压缩了这些爱好。廖山涛的书桌上时常摆放着一本翻旧了的《唐诗三百首》，两本诺贝尔经济学奖获得者的著作，一本《中国古代史讲座》。他并非为了消遣，而是广泛涉猎。廖山涛喜欢古文，尤其欣赏韩愈的名篇《进学解》中提倡的"业精于勤荒于嬉""提要钩玄"的学习态度和方法。

1990年1月6日，北大数学系举行庆祝廖山涛70华诞纪念会

1997年6月5日晚，廖山涛同往常一样，伏在灯下继续他的研究工作直至深夜。午夜过后他的心脏有些不适，便像平时那样服了一粒速效救心丸，继而睡下，却再也没有醒来。他践行了自己的诺言，工作到了生命的最后一刻。廖山涛的去世在当时并没有引起太多的涟漪。然而随着时间的流逝，整个世界才知道损失了多么重要的一位学者。

8.2 走向世界

廖山涛爱清静，公开场合很少发言，从不宣传自己。有一次记者找到他家，希望为他写篇报道，廖山涛婉言谢绝道："你们记者追求的是轰动效应，而我们搞数学的却需要宁静的环境。"其淡泊宁静至此。

在很长一段时间内，国际上几乎没人懂得廖山涛的研究工作。由于廖山涛的很多论文都是用中文写作的，这就为他的理论增加了第一把锁——语言，使得外国人无法研读，除非他们首先学习中文。廖山涛早在1980年便证明了三维无奇点常微系统的稳定性猜测，然而胡森1986年到普林斯顿大学数学系攻读博士以后，他的导师麦泽（J. Mather）是动力系统的权威，却完全不知这个问题已经为廖山涛解决。

胡森1983年毕业于中国科学技术大学数学系，后进入中国科学院跟随吴文俊院士读研究生，其间被廖山涛的研究工作所吸引，便开始学习他的理论，因此一直对廖山涛执以师礼。他向麦泽讲授了廖山涛的结果，经过反复讨论，麦泽接受了廖山涛的证明。1989年夏，胡森成功地对三维常微系统证明了稳定性猜测。当他将这一工作告诉廖山涛时，廖山涛非常高兴，并用自己的阻碍集理论给出了全新的证明。

对于国内的学者而言，虽然不存在语言上的障碍，但也面临着第二把锁——博大精深。由于廖山涛理论的思路与众不同、思想深邃无比、技术精巧绝伦，因此需要极高的功力才能理解，否则读之便如"天书"。廖山涛坚信他的理论能克服西方理论中的某些弊端，他坚持用中文写作的部分目的，在于让中国人首先掌握这套理论。但也正因为如此，他的这套理论长期不为西方学术界所知。

鉴于廖山涛理论在微分动力系统中的重要性，很多国内的同行都催促廖山涛写作一本适当介绍典范方程组与阻碍集的著作。科学出版社自1981年起便多次向廖山涛约稿，那时他正忙于研究工作，无暇著述。之后廖山涛相继获得第三世界科学院首届数学奖与国家自然科学一等奖，科学出版社不失时机地再次向廖山涛约稿。经过与出版社的反复沟通，廖山涛像斯梅尔1980年出版《时间的数学》（*The Mathematics of Time*）那样，挑选了他在1963—1984年间的八篇有代表性的论文，按文章发表的时间顺序排列，组合成了一本专著《微分动力系统的定性理论》，1992年正式出版。这本著作深受读者欢迎，一经问世很快便销售一空。1994年，该书荣获首届国家图书奖。

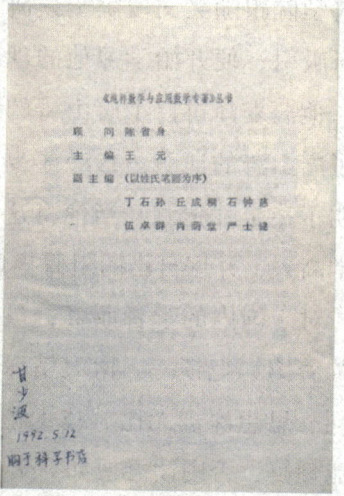

廖山涛《微分动力系统的定性理论》

1988年文兰从美国学成归国，跟随廖山涛从事博士后研究，两人的接触开始多了起来。从1988年到1997年，廖山涛组织的学术活动文兰基本上都参加了。这时文兰才明白，廖山涛对他的培养是有深谋远虑的。廖山涛先让研究生们学习西方的理论，打好基础后再回过头来学习他的理论，这样便可以很好地将两者结合起来。1989年，甘少波考入北京大学数学系跟随董镇喜读研究生。在硕士临近毕业之际，文兰建议他学习廖山涛理论。为此甘少波特意购买了廖山涛的著作，一直珍藏学习至今。

廖山涛（左）与文兰（右）在讨论问题

需要特别指出的是，廖山涛并不是一个狭隘的民族主义者，他的眼光开放且长远，对国外的学术进展可以说如数家珍。文兰记得在一个非常炎热的暑假里，学校的图书馆里基本没有人。当他进去后发现廖山涛正俯身查阅《数学评论》。《数学评论》的开本和报纸差不多，厚厚的一摞放在桌子上，人搬不动，印刷字体却非常小，查阅起来很不容易。那时廖山涛已经是古稀之年，他对文献的了解都是这样辛苦得来的。

文兰与章梅荣、甘少波等人组织了讨论班，专门研读廖山涛理论。1994年3月，孙文祥到北大跟随廖山涛做博士后，专门研读廖山涛在微分遍历论方面的工作。廖山涛知道这些事情后非常高兴，因为真正的廖山涛学派即将出现，只有那些不畏艰险、胸怀大志、永攀高峰的人才敢于去学习他的理论。可惜由于身体的原因，他已经没有办法亲自教授这些弟子以及再传弟子这套自己开创的理论，这也成了他人生的一大遗憾。

国际上的很多学者也希望将廖山涛的著作翻译成英文。经廖山涛同意，在国家自然科学基金委的支持下，科学出版社决定出版《微分动力系统的定性理论》英译本。从1995年开始，董镇喜、詹汉生、唐云、文兰、孙文祥、章梅荣、甘少波等投入紧张的翻译工作当中。甘少波回忆说："我负责翻译其中的第四章（阻碍集 I）与第六章（阻碍集 II）。回头看去，很多东西当时其实都没有弄明白。直到2011—2012年，我才觉得读懂了。"

1996年夏，廖山涛与文兰在北大组织了一个规模庞大的国际动力系统会议。出席会议的有斯梅尔、帕里斯、帕西菲克（M. Pacifico）、德梅罗（W. de Melo）、维亚纳（M. Viana）、皮尤、威廉姆斯（R. Williams）、罗宾逊、弗兰克斯、舒伯、卡托克（A. Katok）、布洛克、约克（J. Yorke）、李天岩（Li Tien-Yien）、杨丽笙（Young Lai-Sang）、夏志宏、吕克宁等众多国际著名数学家。在会议召开前夕，廖山涛的学生同心协力加班加点，每人负责一两篇的翻译，章梅荣突击教会大家怎样使用LaTeX软件，廖山涛亲自逐字校对终审每一篇译文，首次成功使用LaTeX排版出了英译本，程民德作序，由科学出版社正式出版。很多国外的参会者通过组委会拿到了这本书，廖山涛理论由此走向世界。《美国数学会通讯》也对这本著作进行了特别介绍。当廖山涛拿到英译本后感叹道太漂亮了。章梅荣认为廖山涛对排版有极高的要求，那一定是因为他对美感的高度追求。

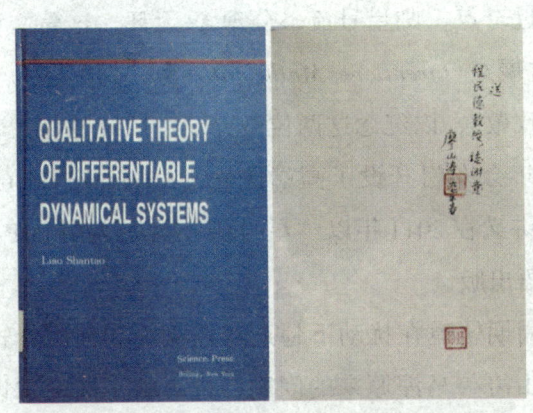

廖山涛的英文著作《微分动力系统的定性理论》

廖山涛可以欣慰的是，以文兰、孙文祥、甘少波、杨大伟、田学廷、廖刚等为代表的中国数学家，他们正在深入挖掘廖山涛理论这座宝库，使用这座宝库中的武器来解决国际上的重要问题。1997年日本学者林修平（S.Hayashi）证明了连接引理，并借此证明了任意维常微系统的稳定性猜测。而在此前两年，文兰在假定了一种连接引理的情况下也给出了证明。2000年文兰又与夏志宏合作给出了这一连接引理的证明。1999年，文兰当选为中国科学院院士。

　　廖山涛生前对星号系统的问题一直非常关心。他在《微分动力系统的定性理论》的前言中强调了常微系统与离散系统的区别并提请读者注意附录，而在附录中他明确点出了星号问题并指出：如果星号常微系统没有奇点，相应的结论是否成立在目前尚是一难题。可以告慰廖山涛在天之灵的是，他的弟子们没有令他失望。2006年甘少波与文兰合作，终于解决了廖山涛与马涅提出的这个问题，即如果周期轨道在扰动下不逼近奇点，则星号流⇒公理A+无环。这篇文章发表在《数学新进展》（*Inventiones Mathematicae*），副标题为"向廖山涛与马涅致敬"，以纪念这两位微分动力系统的伟大学者。巴西数学会年会专门开设了高端课程（Advanced Course）讲解此文，该讲义在2011年以"星号流"为书名由 IMPA 研究所用葡萄牙语出版。

　　如果周期轨道在扰动下逼近奇点又将如何呢？这个问题突破了廖山涛与马涅原来的问题，也突破了斯梅尔以来的双曲集的概念。2004年，巴西学者 Morales-Pacifico-Pujals 提出了"奇异双曲集"的概念，并证明：对三维流形，在通有条件下，如果周期轨道在扰动下逼近奇点，则星号流一定是奇异双曲流。2014年，史逸、甘少波和文兰证明：在通有条件下，如果周期轨道在扰动下逼近奇点，则星号流只要奇点指标齐一就一定是奇异双曲流。后来法国学者 Bonatti-da Luz 发现这一结果中的奇点指标齐一的条件不能去掉，由此进一步提出了更为一般的"多重奇异双曲集"的概念，并在2021年最终证明：在通有条件下，如果周期轨道在扰动下逼近奇点，则星号流就是多重奇异双曲流。这一过程此起彼伏，对廖山涛与马涅的星号流问题给出了一个漂亮的、更为广泛的回答。

虽然离完全掌握廖山涛理论尚有很大的距离，但国内的部分学者对这一理论已经有了相当程度的理解和掌握，这方面的代表有孙文祥、甘少波与杨大伟等人。廖山涛理论中有两个"杀手锏"式的工具——筛滤引理和准双曲轨弧的跟踪引理，在很多重要问题中是其他工具所无法代替的。国外的一些顶尖学者已经注意到这个情况，也开始学习使用这两个工具。随着两把大锁的打开，越来越多的人开始引用、理解与掌握廖山涛理论。廖山涛当年坚定地走自己的路，如今他的理论已经融入整个微分动力系统当中，这是真正的国际化，也是中国从数学大国走向数学强国与自立自强的必由之路。

廖山涛生前的一大愿望是让微分动力系统这门学科在中国高质量发展起来，在国际上占有一席之地。他的愿望如今已经实现。2003—2004年，巴西、美国与法国的数学家倡导发起了名为"Dynamics Beyond Uniform Hyperbolicity"系列动力系统会议，从2007—2008年起这个会议增加了中国。此后这个会议一直由这4个国家轮流组织。这表明中国的动力系统在国际上占有重要地位，也证明廖山涛给中国留下的遗产确实是丰厚的。

2020年是廖山涛百年诞辰，北京大学于当年10月24日举行了"纪念廖山涛先生诞辰100周年暨微分动力系统研讨会"，时任北京大学副校长张平文院士，中国数学会理事长、北京国际数学研究中心主任田刚院士，中国科学院数学与系统科学研究院院长席南华院士，廖山涛的亲属，曾经的同事、学生及数学界的同行、朋友通过不同方式与会，在世界各地共同缅怀了他的生平事迹与杰出贡献，追思了他治学的崇高追求和精神风范。

纪念廖山涛先生诞辰100周年暨微分动力系统研讨会

"密叶青青长势强，奇花争放闪银光。一杯清水深知足，默默无言散异香。"这就是廖山涛一生理想主义与纯粹学者的真实写照。数学会记得他的，历史会记得他的，中国更会记得——那个默默无言、战斗至最后一刻的廖山涛。

参 考 文 献

廖山涛主要学术论著

[1] Liao S D. Some theorems on the dimension of fibre spaces. American Journal of Mathematics, 1949, 70(1): 231–240.

[2] Liao S D. On non-compact absolute neighbourhood retracts. Science Record, 1949, 249–262.

[3] Liao S D. On locally connected sets and absolute neighbourhood retracts. Portugaliae Mathematica, 1949, 8(3): 137–142.

[4] Liao S D. Concerning the generators of homotopy groups of a polyhedron. Proceedings of the American Mathematical Society, 1950, 1(6): 763–768.

[5] Liao S D. A theorem on periodic transformations of homology spheres. Annals of Mathematics, 1952, 56(1): 68–83.

[6] Liao S D. On the topology of cyclic products of spheres. Transactions of the American Mathematical Society, 1954, 77(3): 520–551.

[7] Liao S D. On the theory of obstructions of fibre bimdles. Annals of Mathematics, 1954, 60(1): 146–191.

[8] 廖山涛. 论局部乘积与 Poincaré–Alexander–Lefschetz 型对偶定理. 数学学报, 1957, 7(2): 183–199.

[9] 廖山涛. 周期变换与不动点定理——I. 上积与特异上同调. 北京大学学报(自然科学), 1957, 3(1): 1–37.

[10] 廖山涛. 周期变换与不动点定理——II. 流形. 数学学报,

1958, 8（1）: 53–78.

[11] 廖山涛.关于投影空间在微分流形内的实现.北京大学学报（自然科学）, 1958, 4（2）: 119–127.

[12] 廖山涛.纤维丛理论及应用中几个问题.北京: 高等教育出版社, 1959.

[13] 廖山涛, 刘旺金.同伦论基础.北京: 北京大学出版社, 1981.

[14] 廖山涛.紧致微分流形上常微分方程系统的某类诸态备经性质.北京大学学报（自然科学）, 1963, 9（3）: 241–265; 9（4）: 309–326.

[15] 廖山涛.线性化与典范方程组.数学的实践与认识, 1973, 3（2）: 28–33.

[16] 廖山涛.典范方程组.数学学报, 1974, 17（2）: 100–109, 175–196, 270–295.

[17] 廖山涛.阻碍集与强匀断条件.数学学报, 1976, 19（3）: 203–209.

[18] 廖山涛.一个关于周期轨道存在的定理.北京大学学报（自然科学版）, 1979, 15（1）: 1–20.

[19] 廖山涛.阻碍集（I）.数学学报, 1980, 23（3）: 411–453

[20] 廖山涛.一个推广的 C^1 封闭引理.北京大学学报（自然科学版）, 1979, 15（3）: 1–41.

[21] 廖山涛.On the stability conjecture.数学年刊, 1980, 1（1）: 9–30.

[22] 廖山涛.阻碍集（II）.北京大学学报（自然科学版）, 1981, 17（2）: 1–36.

[23] 廖山涛. 关于结构稳定的特征性质. 应用数学和力学, 1984, 5(6): 771–775.

[24] Liao S D. A 3-dimensional Ω-stability theorem. Gu C H. Proceedings of the 1981 Shanghai–Hefei symposium on differential geometry and differential equations. Beijing: Science Press, 1984: 193–199.

[25] Liao S D. Proceedings of the 1983 Beijing symposium on differential geometry and differential equations. Beijing: Science Press, 1986.

[26] 廖山涛. 关于稳定流形的扰动. 系统科学与数学, 1988, 8 (3): 193–213; 8(4): 289–314.

[27] Liao S D. Obstruction sets, minimal rambling sets and their applications. Wu W J, Cheng M D. Chinese Mathematics into the 21st Century. Beijing: Peking University Press, 1991: 1–14.

[28] 廖山涛. 微分动力系统的定性理论. 北京: 科学出版社, 1992.

[29] 廖山涛. 关于特征指数: 一个新的为向量场乘法遍历定理而构造的 Borel 集. 北京大学学报(自然科学版), 1993, 29 (3): 277–302.

[30] 廖山涛. 向量丛动力系统研究注记. 应用数学和力学, 1995, 16(9): 757–766; 17(9): 759–771; 1997, 18(5): 395–412.

[31] Liao S T. Qualitative Theory of Differentiable Dynamical Systems. Beijing: Science Press, 1996.

其他参考文献与资料

［1］Palis J. Opening ceremony. Li D Q. Proceedings of the interna-
tional congress of mathematicians(2002 Beijing): vol 1. Bei-
jing: Higher Education Press, 2002: 14.

［2］衡山县人民政府编. 湖南省衡山县地名录. 内部资料,
1982.

［3］湖南省衡山县志编纂委员会编. 衡山县志. 长沙: 岳麓书
社, 1994.

［4］廖佩文. 衡山廖氏把修族谱: 卷19. 长沙: 湖南省图书馆,
2002: 10-18.

［5］廖山涛. 思考. 北京大学中国名人丛书编委会编. 苦涩的
梦. 长春: 北方妇女儿童出版社, 1990: 47-51.

［6］许渊冲. 绮年琐忆. 深圳: 海天出版社, 2018.

［7］许渊冲. 联大人九歌. 昆明: 云南人民出版社, 2008.

［8］邓汉英. 我与西南联大. 南开大学校史研究室. 联大岁月与
边疆人文. 天津: 南开大学出版社, 2004.

［9］西南联合大学北京校友会编. 国立西南联合大学校史:
1937至1946年的北大、清华、南开. 北京: 北京大学出版
社, 2006.

［10］江泽涵先生纪念文集编委会. 数学泰斗, 世代宗师. 北京:
北京大学出版社, 1998.

［11］胡作玄, 邓明立. 20世纪数学思想. 济南: 山东教育出版
社, 1999.

［12］程民德.中国现代数学家传:卷4.南京:江苏教育出版社,2000.

［13］董镇喜,文兰,孙文祥.廖山涛论微分动力系统.济南:山东教育出版社,2001.

［14］吴明静.采数学之美为吾美:周毓麟传.北京:中国科学技术出版社,2019.

［15］任南衡,张有余.中国数学会史料.南京:江苏教育出版社,1995: 81-84.

［16］Wang Z Y, Guo J H. Transnational Mathematics and Movements: Shiing-shen Chern, Hua Luogeng, and the Princeton Institute for Advanced Study from World War to the Cold War. Chinese Annals of History of Science and Technology, 2019, 3(2): 118-165.

［17］杨忠道.我的师友.数学传播,2002, 26(1): 23-28.

［18］康明昌.从五十年代说起.数学传播,2000, 24(4): 68-75.

［19］周元燊.我所知道的中央研究院数学所(自1948至1980年).数学传播,2001, 23(2): 26-35.

［20］陈克胜.民国时期中国拓扑学史稿.北京:科学出版社,2015.

［21］干丹岩.代数拓扑和微分拓扑简史.长沙:湖南教育出版社,2006.

［22］Dieudonné J. A History of Algebraic and Differential Topology, 1900-1960. Boston: Birkhäuser, 1989: 327-489.

［23］张奠宙,王善平.陈省身传.天津:南开大学出版社,2011.

［24］ 吴文俊口述, 邓若鸿, 吴天娇访问整理. 走自己的路——吴文俊口述自传. 长沙: 湖南教育出版社, 2015.

［25］ 一二·一运动史编写组. 一二·一运动史料选编. 昆明: 云南人民出版社, 1980: 170.

［26］ 李滔. 中华留学教育史录: 1949 年以后. 北京: 高等教育出版社, 2000: 46.

［27］ 王德禄, 刘志光. 1950 年代归国留美科学家的归程及命运. 科学文化评论, 2012, 9(1): 68-87.

［28］ 贾庆国. 未实现的和解: 中美关系的隔阂与危机. 北京: 文化艺术出版社, 1998: 204-214.

［29］ 鲍城志. 从贫瘠到富足: 一个老科学家的人生. 上海: 上海社会科学院出版社, 2014: 30-32.

［30］ 裴锡恒. 回归祖国的这条路我是走对了: 追忆二十二年的侨美生活. 江苏省淮安市政协文史资料委员会. 淮安文史: 第十二辑. 淮安: 淮安市印刷厂, 1994: 61-82.

［31］ 佚名. 回到祖国, 时刻都感到幸福: 留美学生鲍城志等在广州发表谈话. 人民日报, 1956-05-09(4).

［32］ 郭金海. 中国科学院科学奖评奖吴文俊折桂始末. 纪志刚, 徐泽林. 论吴文俊的数学史业绩. 上海: 上海交通大学出版社, 2019: 234-245.

［33］ 丁玖. 智者的困惑: 混沌分形漫谈. 北京: 高等教育出版社, 2013.

［34］ Pugh C, Peixoto M. Structural stability. Scholarpedia, 2008, 3(9): 4008.

［35］ Batterson S, 邝仲平译. 突破维数障碍: 斯梅尔传. 上海: 上海世纪出版集团, 2011.

默默无言散异香——廖山涛传

[36] Smale S. On how I got started in dynamical systems. The Mathematics of Time. New Yrok: Springer, 1980: 147–151.

[37] 文兰.微分动力系统.北京:高等教育出版社, 2015.

[38] 潘山.中国博士学位授予制度的历史考察.昆明:云南大学, 2013.

[39] 樊洪业.中国科学院编年史: 1949–1999.上海:上海科技教育出版社, 1999.

[40] 胡作玄.数学的建筑.大连:大连理工大学出版社, 2009.

[41] 刘菲.第三世界科学院(TWAS)历史语境和组织模式研究.合肥:中国科学技术大学, 2013.

[42] 奚启新.钱学森传.北京:人民出版社, 2011.

[43] 顾吉环, 李明, 涂元季.钱学森文集:卷3.北京:国防工业出版社, 2012.

[44] 王涛.廖山涛早年的生平经历与学术贡献.内蒙古师范大学学报(自然科学汉文版), 2021, 50(6): 482–489.

[45] 王涛.一杯清水深知足, 默默无言散异香:记中国微分动力系统的奠基人与开拓者廖山涛.数学文化, 2021.12(3): 3–25; 12(4): 3–44.

[46] 文兰, 甘少波, 孙文祥.廖山涛先生百年诞辰纪念文集.新加坡:八方文化创作室, 2021.

[47] 王涛.廖山涛与微分动力系统:文兰院士访谈录[J].科学文化评论, 2021, 18(6): 89–100.

[48] 王涛, 邓明立.廖山涛从芝加哥到普林斯顿的学术历程——基于普林斯顿高等研究院档案的考察[J].自然科学史研究, 2022, 41(4): 478–489.

文兰院士访谈录

访谈者按

　　文兰，籍贯安徽泾县，现为北京大学数学教授。1946年出生于甘肃兰州，1969年毕业于北京大学数学力学系，1981年研究生毕业于北京大学数学系，导师廖山涛。1986年获得美国西北大学博士学位，1988年回国后在北京大学工作至今。文兰长期下苦功学习廖山涛独创的理论和方法，在微分动力系统的研究中取得了突出的研究成果。文兰于1996年荣获中国数学会陈省身奖，1999年当选为中国科学院院士，2005年当选为第三世界科学院院士，2004—2007年担任中国数学会理事长，2011年荣获中国数学会华罗庚数学奖。本书在写作过程中曾有幸两次采访文兰院士，兹将访谈列出，以作为对全书的概览与补充。

访问整理人：王涛　　付晓青
访谈时间：2020年12月4日　　14：30–17：00；
　　　　　　　2021年7月7日　　　9：30–12：00
访谈地点：北京大学数学科学学院

本文的简版曾发表于《科学文化评论》2021年第18卷第6期。

师从廖山涛

王涛、付晓青（以下简称"问"）：廖山涛先生于1956年回国任教，您是1964年考入北京大学数学力学系，廖先生是否教过您？

文兰（以下简称"文"）：没有。作为低年级学生，我们入学后接触到的老师主要是教我们基础课的几位老师，比如邓东皋、丁石孙、程庆民等。读了两年以后"文革"开始了，后面就是搞运动。当时自己想不到看书，也没人看数学书了，天天学习毛主席著作与报刊社论。如果一切正常的话，到高年级选择专门化时我没准会接触到廖先生，但"文革"把这些都打乱了。本来我们应该是1969年毕业，结果到1970年3月才离校，是与1965级一同分配的，等于我们晚了半年，他们提前了半年。

问：您在1978年考取了廖先生的研究生。

文：毕业后我被分配到河北献县的农村插队。1977年晚些时候传出大学要招研究生的消息。由于我大学是在北大念的，自然想回母校读研究生，但不知道报考谁。很多同学都准备报考当年教过我们的几位老师，我也有此打算，还异想天开想学数理逻辑。我的姐姐与姐夫在北大数学系工作，他们给我出主意说廖先生的学问大，建议我报考廖先生。此前我一直在农村教书，根本不清楚廖先生的研究方向——动力系统是什么，甚至连"动力系统"这4个字是什么意思都不知道。

问：他们怎么知道廖先生的学问大？

文：当时"文革"已经结束两年了，廖先生的重要文章也快要发表出来了，他们在一个系里，谁有学问肯定知道的。事后分析，廖先生大量的深入研究是在"文革"当中做的。当时不仅我们学生荒废了，绝大多数的老师们也荒废了。白天都筋疲力尽了，晚上谁还有精力去做研究呢？而且研究数学被视为政治不正确。在这种情况下悄悄坚持数学研究，只能是那种视数学为生命的人。"文革"中有一段所谓的逍遥时期，学校里行政机构虽然都瘫痪了，但仍然发工资，我们学生在学校里也还有助学金，但就是不上课，主要工作除了政治学习就是到外面宣传、串联与游行。白天的各种活动廖先生肯定是要参加的，那廖先生的时间是从哪里来的呢？他只能是另外加班。那时廖先生住在蔚秀园里的一个独立的平房小院，相对"与世隔离"，他"加班"估计别人也不知道。他从1956年回国之后一直住在那里，直到八十年代才搬到中关园，从此再也没有搬过家。就跟中国科学院数学研究所的陈景润一样，一开始大家也都不知道，后来形势一宽松，他很快就能拿出厚重的研究成果。廖先生也是这样，只是没有被报道。

　　廖先生在数学研究上的深入是罕见的。他所做的工作的难度、深度是那个年代中国数学界所能达到的最高水准之一，实际上也是国际上这一领域的最高水准之一。1986年，第三世界科学院将首次颁发的数学奖授予廖先生。这是一个国际性的奖项，不是自己申请来的，而是在自己不知道的情况下被国外评上的，被认为是我国国际奖项的"零的突破"。1987年，廖先生又获得了我国自然科学领域的最高奖项——国家自然科学一等奖。

问：廖先生如何指导您学习？

文：读研究生的时候我有两位师兄，张筑生和欧阳奕孺。当时国家刚恢复招考研究生，系里没有统一的研究生课程，都是各个方向的老师们自己解决开课的问题。记得廖先生自己给我们讲过黎曼几何。后来到蒋云平、岳澄波、丁红宇、章梅荣的时候可能情况就好一些了，那时候张筑生已经留校了，开了微分动力系统课。廖先生没有引导我们学习他那一套理论，因为那些内容很难上手，可能我们还"不够格"吧。廖先生是让我们去学习西方的理论和方法。可以说，跟随廖先生读研究生时，我们这些学生对他只有一个抽象的认识——廖先生特棒，其他具体的都不太知道。

我们当时有讨论班，廖先生让我们去读一些文章，然后在讨论班上报告。讨论班就不多几个人，廖先生和他的助手詹汉生老师，再就是我们几个研究生了。廖先生对我们在讨论班上作报告只要求四个字："甩开稿子"。这四个字看着简单，其实很厉害，迫使我们不得不把要讲的内容消化掉，全部记在脑子里。后来知道这不只是对我们的要求。廖先生一辈子对他自己就是这样要求的。廖先生给我们讲黎曼几何课，讲了三个月，从头到尾没看过一眼讲稿。他有讲稿，但放在桌上，从未打开。

研究生毕业之后我到山东大学工作了一年，1982年9月赴美国攻读博士。1988年回国后到北大做博士后，当时不像现在有明确的合作导师，其实合作导师就是廖先生。等到与国外建立起学术联系，信息交相反馈，我们以及国外的学者才越来越多地了解到廖先生的了不起。回国之后我跟廖先生的接触比以前多了，研究的方向和内容也慢慢向廖先生靠拢。所以我跟廖先生接触比较密切的是1988年到1997年这一段时间，其间廖先生组织的学术活动我基本上都参加了。我和章梅荣、甘少波还办了个小讨论班，专门学习廖先生的这套理论，他知道后也乐见其成。这里我想强调的是，廖先生并不是关起门来做研究。他的眼光开放且长远，对国外文献的了解可以说如数家珍。记得有一个暑假，天气非常炎热，学校的图书馆里基本没有人。我进去后发现廖先生正俯身在查阅《数学评论》。《数学评论》是和报纸差不多大的厚重开本，人搬不动，字体却非常小，查阅起来很不容易。廖先生那时已经是古稀之年，他对文献的了解都是这样辛苦得来的。

问：有一种说法是廖先生的英文很差，真实情况如何？

文：其实不是。这种说法可能是因为看到廖先生的很多文章是用中文写的。但这并不说明廖先生的英文不好，更不能简单地理解为狭隘的民族主义，否则就无法解释为何他早年与晚年的很多论文是用英文写的，一手漂亮的英文。实际上，廖先生用中文写数学论文主要是在回国以后至改革开放之前，那时中国对外隔绝，不可能用英文写作到国外去发表。我前面提到过，廖先生的很多成果是在"文革"中做出的，他都是用中文写在厚厚的本子上，改动很少，不像我们现在用电脑输入，很方便改来改去。廖先生当年写作时事先肯定打好了腹稿。这些稿子在"文革"结束以后稍加整理就可以发表。关于廖先生的英文，我这里还有一个故事。我曾在一篇文章的初稿中写道"an unique solution"，廖先生看到后纠正我说："unique之前要用a而不是an。"这令我受益匪浅。那时我已从美国博士毕业回来。一些逸闻说廖先生的英文不好，可能是为了反衬廖先生的数学特牛。这个说法有幽默感，因此流传颇广。

问：廖先生是怎样的一个学者？

文：我对廖先生的第一个印象是纯粹，这是廖先生最大的特点，他的头脑与生活中只有数学。其实廖先生也有很多其他才能，比如文学、历史，但他有意识地压缩这些爱好，久而久之也就真成了没有其他爱好了。第二个印象是下苦功。廖先生有几篇短文，其中有一篇是讲功底的。里面有一句话是说一本书要熟悉到闭上眼睛能像放电影一样，一页一页地把那本书放出来的程度。我一直在琢磨这句话是什么意思。我们有时也有一些类似的感受。就是你书的某一段读得遍数多了，一个定理在书中某页的具体位置你都会记得，包括使用的符号都会成为你记忆的一部分。廖先生一定是下苦功把几本最重要的著作消化掉了，也就自然地印在了脑子里。如果只许用一个词来形容廖先生，我想"坚忍不拔"最为合适。

不熟悉的人可能不知道，在很长的一段时间内，动力系统领域最艰深、最硬的"骨头"不是由美国、俄罗斯或者西欧的数学家攻克的，"主攻者"是廖先生和巴西纯粹与应用数学研究所（简称IMPA）的马涅。听巴西的同行们说马涅很仰慕廖先生，但他们没有见过面。廖先生有一篇用英文写的文章发表在中国《数学年刊》的创刊号上，IMPA的图书馆正好有这期杂志，有人告诉我说这一期都被翻得不像样子了。廖先生对马涅也十分欣赏，认为他是国外做得最好的，应该得菲尔兹奖。领域内的人都知道，他们这一老一少可以说是微分动力系统的两大支柱。马涅的工作出来时还不到40岁，完全有资格获得菲尔兹奖，但没有得到，这些事情就很难说了。

微分动力系统源流

问：微分动力系统这门学科请您大概介绍一下。

文：动力系统从19世纪末庞加莱创立微分方程定性理论开始，他认为方程的式子并没有那么重要，而是侧重于从几何的观点看问题，定性理论也就是几何理论的意思。微分动力系统的研究兴起于20世纪60年代初，揭开序幕的是一位来自巴西的数学家，名字叫佩肖托，所以巴西的微分动力系统强是有原因的。20世纪50年代末，佩肖托在普林斯顿大学数学系访问拓扑学家莱夫谢茨。莱夫谢茨在晚年的时候非常关心常微分方程的定性理论。20世纪30年代，有一项微分动力系统的萌芽性工作是由苏联数学家庞特里亚金与物理学家安德罗诺夫做出的。他们在一篇文章中提出了一个非常重要的概念——结构稳定性。

问：什么是结构稳定性？

文：经典的微分方程的稳定性是指一根轨道或者一个解的稳定性，是一个比较局部的概念。结构稳定性中的"结构"二字是全局的意思，此前没有这样的概念。我们举个例子，最特殊的轨道由一个点组成，也就是流的不动点，有汇点、源点与鞍点。还有比较特殊的是周期轨道。然后是各种各样越来越复杂的轨道。所谓结构稳定性是指随着式子的改变，全局图形不怎么变化，比如不动点的个数、周期轨道的个数都不变，全局图形没有本质改变。没有本质改变是指新的全局图形与旧的全局图形只差一个拓扑变换，因此一定需要有拓扑的概念。

结构稳定性这个概念深刻、大气。庞特里亚金与安德罗诺夫在30年代提出了这个概念，但他们的研究对象是一个二维圆盘上所能画出来的图，这种情形比较简单。而球面与环面要比圆盘上画出来的图丰富得多，更不用说更高维的流形了。一根轨线在二维流形上是很受局限的，但到三维就不得了，由于三维空间有3个自由度，而轨线是个一维的图形，因此可以在里面"自由"地穿来穿去，形成很多复杂的图形。

庞特里亚金与安德罗诺夫由于某种原因没有再往下做下去。这件事情的重要性许多年后被莱夫谢兹注意到，他建议到访的佩肖托查阅文献，将他们的结果推广到一般的二维曲面上。我不知道最终的命题的陈述到底是莱夫谢茨还是佩肖托想出来的。虽然二维曲面上这个定理的陈述与两位苏联科学家不同，但考虑的核心问题是一致的，即如何描述系统的结构稳定性。显然，这个问题具有很强的实用意义。佩肖托于1962年在《拓扑》（*Topology*）杂志上正式发表了这个结果。

佩肖托后来一直在巴西工作。廖先生荣获的是第三世界科学院的首届数学奖，佩肖托则是第二届。佩肖托的工作没有廖先生那么厚重，但他这篇论文太重要了，打开了动力系统结构稳定性研究的大门。比如斯梅尔就是看了佩肖托的论文才开始研究动力系统的，他曾写过回忆文章讲述这件事情。当年佩肖托取得结果时，斯梅尔刚获得博士学位不久，正在普林斯顿高等研究院做博士后，看到这篇文章后非常感兴趣。在斯梅尔博士后快要结束的最后半年，佩肖托邀请他到巴西去访问。正是在巴西里约热内卢的海滩上，斯梅尔开创了高维的微分动力系统。

实际上，佩肖托研究的空间仍然很受限制，二维曲面虽然比圆盘要丰富多彩，但仍然是在二维的范畴。斯梅尔在芝加哥大学时听过托姆的讲座，托姆讲解了他开创的横截性理论，即描述高维子流形如何相交，比如一个五维子流形和一个七维子流形在十维空间中可能如何相交？斯梅尔知道佩肖托二维的结果以后，由于已经积攒了不少高维拓扑的工具，特别是横截性理论，再加上年轻气盛，认为推广佩肖托的结果并不困难。他认为佩肖托的定理可以照搬到高维，只需把微分拓扑的概念加进去即可。斯梅尔在理解与运用这些微分拓扑的概念上没有障碍，他觉得自己有办法把佩肖托对二维情形的表述转换为相应的高维情形的表述。但后来斯梅尔发现，仅仅将陈述照搬过来并不正确，因为他发现了著名的"马蹄"。

问： 斯梅尔如何发现"马蹄"？

文： "马蹄"是作为反例被发现的。斯梅尔当时刚满30岁，他写了一篇文章，主要内容是佩肖托的定理在高维是如何陈述的，他认为定理在高维依然成立。后来有一个常微分方程的专家莱文森写信告诉他说这件事并没有那么简单，他手里就有一个具体的常微分方程，并不满足斯梅尔的定理。斯梅尔收到信半信半疑。但斯梅尔回忆说自己当时就知道莱文森是微分方程领域的大人物，他写的常微分方程的教材是研究生们都要读的，所以必须认真对待他的建议。那些天斯梅尔在海滩上拿着莱文森寄给他的文章反复揣摩，仔细研究这些微分方程的式子，累了就游游泳，最终斯梅尔抽出了隐藏在分析式子背后的几何图形——马蹄。

马蹄的原理如下：Q 是一个方形，与流线方向横截；在

文兰院士在讲解斯梅尔马蹄（2020年12月4日）

流动过程中，Q逐渐变瘦变长，并渐渐弯曲变成马蹄的样子，又转回来与Q相交。斯梅尔将这个三维流的问题简化为一个二维映射的问题，即把流"转一圈"的过程记为一个映射f:$Q \to R^2$，这样f的一个不动点就对应于流的一个周期轨道，f的一个2–周期点也对应于流的一个周期轨道，只是"转了两圈"。斯梅尔证明f有无穷多个周期点，而且扰动不掉，从而对应的流里有无穷多个周期轨道，而且扰动不掉。这说明佩肖托的定理在高维确实不成立。与佩肖托相比，斯梅尔虽然只是对高了一维的情形进行讨论，但他的结果使得更高维的情形都可以想象了，所以这是本质性的扩展。

马蹄的发现说明，结构稳定性可以与复杂性共存。而且产生马蹄的机制并不古怪，发现之后才知道实际上很常见。这成为现代动力系统开端的标志。很快，斯梅尔归纳马蹄、托姆环面自同构等例子，在苏联学者阿诺索夫的重要工作的基础上提出了双曲集的概念，成为后来微分动力系统的最核心的概念。斯梅尔那时还很年轻，但已经有帕里斯、舒伯、勃文（R. Bowen）、弗兰克斯、钮豪斯（S. Newhouse）、古肯海默（J. Guckenheimer）、尼特斯基（Z. Nitecki）等一大批出色的学生。斯梅尔给每个学生都提出了一个不同的、具有广阔发展前景的研究方向。他自已则证明了第一个大范围结构稳定性定理：离散系统的Ω稳定性定理。后来这些学生果然各自做出了各方向开拓性的工作。这一切在20世纪六七十年代的伯克利形成了世人瞩目的微分动力系统现代学派。微分动力系统的基本格局就是斯梅尔那个时候打下的。

问：斯梅尔后来不做动力系统了？

文：斯梅尔做出开创性的成果后便离开了动力系统，后面又回到拓扑，然后又离开拓扑，研究数理经济学、计算复杂性理论、学习理论，一生研究横跨至少五个领域。他70多岁还改换新的研究领域。中国科学院的同事告诉我，斯梅尔甚至在线性规划领域还有一个基本定理。他个人收藏的水晶石的数量和质量甚至超过一般的博物馆。真不知道他哪来那么多精力。但斯梅尔还是很关心动力系统的，在前些年的纸质预印本时代，全世界有关动力系统的重要的文章都会寄给他。这些文章斯梅尔都会大致看看，收起来。他的记忆力很好，对这个领域的重要工作都心里有数，但他从70年代后期便不再做具体的动力系统问题了。

廖山涛理论

问：廖山涛先生是拓扑出身，他是如何注意到微分动力系统这一领域的？

文：廖先生转向动力系统是在回国以后。佩肖托与斯梅尔的文章发表在1959—1962年。很遗憾，廖先生没有一篇类似斯梅尔那样的回忆文章。《旧金山时报》在1986年7月2日有过一篇报道，文中说廖先生1959年从一篇介绍国外微分动力系统的文章中，预感到这门学科将会有巨大的应用价值。这篇报道的论述很内行，提到廖先生提出"典范方程组"和"阻碍集"两个基本概念，以此为核心，形成独特的研究体系等等。的确，廖先生的独立性极强，他是不会跟着别人走的，而且一上来就考虑高维的问题。

问：廖先生当时还在开拓扑课吧？

文：是的。那时廖先生已经开始研究动力系统了，但他开的课程仍是拓扑。廖先生在北大数力系带了几届拓扑专门化的学生，我知道1962年毕业的有周作领、熊金城、詹汉生、刘旺金、左再思，1963年毕业的有刘应明，1965年毕业的有唐云与麦结华。他的学生在改革开放后有不少人转入动力系统。

问：廖先生的研究独具特色，这句话怎么讲？

文：动力系统可以说分为两大类。一类是从常微分方程来的，这里面都有一个连续时间 t，t 从负无穷到正无穷，因此一个点拉出来是一条线，也就是一条轨道。还有第二类动力系统，类似于机器的输入与输出，将输出的值再输入，反复进行，这就是迭代。因此也有人将动力系统的起源追溯到牛顿，因为牛顿曾用迭代法求解方程的根。一个数多次迭代后出来是一个数列，从几何上看则是一个位置的点列。这类动力系统和微分方程的动力系统精神上是类似的，只不过微分方程对时间的看法是连续的，因此叫连续时间动力系统，迭代对时间的看法则是离散的，叫作离散时间动力系统。

斯梅尔的马蹄属于离散时间的动力系统。在斯梅尔之前动力系统可以说基本上只有连续时间动力系统。斯梅尔通过他的模型说明马蹄映射有无穷多个周期点，进而说明所对应的流有无穷多个周期轨道。前者是简化的数学模型，后者是真实的世界。这种取截面，然后取返回的映射，是一种将两种动力系统联系起来的方式。那是不是所有的连续系统的问题都可以转化为低一维的离散系统呢？实际上并不是。连续时间动力系统中流的理论要比离散时间动力系统复杂得多，这两者的区别只有真正研究这些理论的学者才能体会到。任何离散系统的动力现象都可以在高一维的连续系统里出现，但反过来，并非任何连续系统的动力现象都可以在低一维的离散系统里出现。斯梅尔开创了离散动力系统，后来的很多人直接研究离散动力系统。其实连续时间动力系统始终是更根本也更困难的动力系统。

廖先生始终致力于连续时间动力系统研究。他称之为常微系统，认为离散系统是常微系统的"特款"。廖先生对自己的要求极高，上来就是研究更困难的连续系统。同样的问题，离散系统比常微系统容易出结果，所以做常微系统比做离散系统"吃亏"，但廖先生不为所动。本来廖先生在常微系统的结果比离散系统的结果更早更好，但后来渐渐地被离散系统的结果赶上了。比如说稳定性猜测问题，这个猜测本来是从常微系统来的，结果几十年下来，离散系统的证明先得到了，常微系统那里却迟迟出不来。关于这一点，斯梅尔的学生弗兰克斯说得好："常微系统比离散系统要复杂和困难，所以定理总是先在离散系统中被证明，而反例通常首先在常微系统中被发现。"

西方学派多从离散系统入手，取得突破，再试图向常微系统推广。这种研究方式取得了巨大的成就，形成了实力深厚的学派，但毕竟不能代替对常微系统的直接研究。因为如上所述，有些重要的常微系统的问题是不可能转化为离散系统的。廖先生始终直面常微系统，特别是常微系统中的奇点问题，这是其中最复杂、最困难的问题所在，是离散系统所无法比拟的。廖先生相继提出了"典范方程组"与"阻碍集"两个基本概念，以此为核心，形成独特的研究体系，与西方学派交相辉映而更胜一筹。

问：典范方程组与阻碍集怎么理解？

文：这不太容易解释。典范方程组的方法是通过活动标架，把流形上常微系统的相图的一部分性质，循适当途径，化成欧氏空间中通常的常微分方程组来讨论。这一方法有计算和定量估计上特有的方便。阻碍集是由阻碍点构成的集合，所谓阻碍点即阻碍双曲性成立的点。双曲性是一个不变集的性质，是比较整体的，却可以被一种点的出现而破坏，这本身就耐人寻味。阻碍集理论是廖先生在研究稳定性猜测中创立的，在这个猜想的研究中起着重要的作用。

问：稳定性猜测现在解决了么？

文：在 C^1 拓扑下可以说是解决了。回过头看，稳定性猜测从佩肖托开始就是一个最引人注目的问题，马蹄就是从这个问题中产生出来的。1970年帕里斯与斯梅尔提出了两个有基本意义的猜测，其主要内容是：

猜测：结构稳定性$\Longleftrightarrow$公理A+强横截。

猜测：Ω稳定性$\Longleftrightarrow$公理A+无环。

结构稳定性和Ω稳定性的充分性证明很快就得到了，渐渐被称为"稳定性定理"。必要性的部分则迟迟未能证明，渐渐被称为"稳定性猜测"，并在很长一段时间里被称为动力系统的"中心问题"。舒伯在他的著作中写道："中心问题确实是中心的。"稳定性猜测在离散的情况是1987年解决的，是动力系统一个重大成就，主要贡献人物就是上面提到的与廖先生惺惺相惜的巴西数学家马涅。廖先生考虑的是常微系统的稳定性猜测，有额外的难度——奇点问题。离散系统的不动点与非不动点在双曲性上没有本质区别，但流的奇点与非奇点在双曲性上却有本质区别。奇点的存在很大程度上相当于破坏了流形的紧性，给整个问题带来了极大的困难。廖先生的工作为根本上解决奇点问题做了系统的、全面的准备，这些工作到今天仍然在各方面起着重要的作用。就稳定性猜测来说，廖先生已取得大量的成果，可以说还缺少一个比封闭引理更强的可以称作"连接引理"的扰动工具。1997年日本学者林修平证明了他的连接引理，由此证明了常微系统的稳定性猜测。在此之前，文兰曾在假定了一种连接引理的情况下证明了常微系统的稳定性猜测。2000年文兰与夏志宏合作给出了这一连接引理的证明。

在解决稳定性猜测的过程中，廖先生和马涅彼此独立地（廖先生稍微早一些）注意到了一个更强的所谓星号流的问题：如果周期轨道在扰动下不逼近奇点，星号流是否满足公理A+无环？所谓星号流，是指在扰动下持续不出现非双曲奇元（critical element，即奇点或周期轨道）的流。星号流问题实际上蕴含了稳定性猜测。廖先生形式上没有将它提成一个猜测而是提成一个问题，但实际上倾向于这个问题的答案是正面的。由于星号流的要求条件太弱了，而公理A+无环的性质却如此之强，因此一般人不敢设想这样的问题。廖先生对星号流问题做了基本性的贡献。他在1981年发表的《阻碍集II》中证明，在"强分离"（即不同指标的周期轨道或奇点之间在扰动下不相互逼近）条件下，星号流⇒公理A+无环。这是当时微分动力系统最高的成就，足以俯瞰世界。

廖先生对星号流问题一直非常关心。他在自己的著作《微分动力系统的定性理论》的前言中强调了常微系统与离散系统的区别并提请读者注意附录，而在附录中他明确点出了星号流问题并指出：如果星号流没有奇点，相应的结论是否成立在目前尚是一难题。2006年甘少波与文兰合作，终于解决了廖先生和马涅的星号流问题，即如果周期轨道在扰动下不逼近奇点，则星号流⇒公理A+无环。文章副题向廖先生与马涅致敬，以纪念这两位微分动力系统的伟大学者。至此星号流的故事还没有完。如果周期轨道在扰动下逼近奇点又如何？这个问题突破了廖先生和马涅原来的问题，也突破了斯梅尔以来的双曲集的概念。2004年，巴西学者Morales-Pacifico-Pujals提出了"奇异双曲集"的概念，并证明：对三维流形，在通有条件下，如果周期轨道在扰动下逼近奇点，则星号流一定是奇异双曲流。2014年，史逸、甘少波和文兰证明：在通有条件下，如果周期轨道在扰动下逼近奇点，则星号流只要奇点指标齐一就一定是奇异双曲流。后来法国学者Bonatti-da Luz发现这一结果中的奇点指标齐一的条件不能去掉，由此进一步提出了更为一般的"多重奇异双曲集"的概念，并在2021年最终证明：在通有条件下，如果周期轨道在扰动下逼近奇点，则星号流就是多重奇异双曲流。这一过程此起彼伏，对廖先生和马涅的星号流问题给出了一个漂亮的、更为广泛的回答。

问：廖先生给我们留下了哪些遗产？

文：如果谈廖先生最有特点的"杀手锏"式的工具，我认为应该是他的筛滤引理和准双曲轨弧的跟踪引理。这两个工具所起的作用对一些重要问题是其他工具无法代替的。国外一些顶尖的学者已经注意到这个情况，也开始学习使用这两个工具。至于一般地说廖先生给我们留下的遗产，那就太多了。从大处讲，比如典范方程组与阻碍集，我们尚在学习中，离完全掌握尚有很大的距离，这方面甘少波与杨大伟学习、掌握得最好。廖先生另一大块工作是微分遍历论，这方面孙文祥学习、掌握得最好。实际上，我们有不少学生对廖理论有相当程度的了解和掌握。国际上有一个叫"Dynamics Beyond Uniform Hyperbolicity"系列动力系统会议，是由巴西、美国与法国的数学家在2003—2004年倡导发起的，大概从2007—2008年开始增加了中国。此后这个会议一直由这4个国家轮流组织。这说明中国的动力系统在国际上是有一定地位的，也证明廖先生给我们留下的遗产是丰厚的。

问：非常感谢您接受我们的采访，祝您生活愉快！

IAS所藏廖山涛档案

廖山涛于1952—1954年在普林斯顿高等研究院数学研究所担任访问成员。在撰写本书的过程中，高等研究院Shelby White与Leon Levy档案中心的Caitlin Rizzo慷慨地提供了所藏的廖山涛档案并同意授权使用①，谨致谢忱。本节将这些档案作为附录整理公布。

1. 廖山涛致信高等研究院（1952年1月15日）

Jan 15, 1952

Dear Sir:

As I intend to apply for a membership of the School of Mathematics, Institute for Advanced Studies, I shall appreciate very much if you could send me a copy of the form of application for that purpose at your earliest convenience.

Sincerely yours

San-dao Liao[2]

---

①Folder "Liao San-dao", Members, Visitors, and Assistants files, 1933—1977, School of Mathematics records, Shelby White and Leon Levy Archives Center, Institute for Advanced Study, Princeton, NJ, US.
②San-dao Liao为廖山涛的韦氏音标名。

2. 高等研究院致信廖山涛（1952年1月21日）

January 21, 1952

Dear Dr. Liao:

Since the deadline for completed applications was January 1, I hope you will be able to send yours in very soon. I am sure if you do so that there will still be opportunity for the Faculty to study it. It will also be necessary to obtain the letters of recommendation as quickly as possible.

Sincerely yours,

Secretary

School of Mathematics

3. 廖山涛致信高等研究院（1952年1月23日）

Dear Mr. Underwood:

Thank you very much for your informations[①] to me. Herewith, I am sending to you my application form. My publications will be sent to you by ordinary mail.

Please kindly let me know your decision in the future in any case.

Sincerely yours,

San-dao Liao

---

①原文如此，应为 information.

4. 廖山涛致信高等研究院[①]

Dear Mr. Underwood:

Herewith, I am sending you my publications. The application form has been sent to you by air mail. Did you receive that letter already?

Sincerely yours,

San-dao Liao

5. 廖山涛致信高等研究院（1952年1月26日）

Dear Mr. Underwood:

A few days ago, I sent you my application form for a membership of the School of Mathematics, Institute for Advanced Study. In the statement of the item "Intended research", I think, now, that I have made some mistake[②].

"... Given a mapping of a 2-sphere S^2 into a contractible 2-complex K, is there necessarily a pair of 2-simplexes in S^2 which goes to the same simplex of K ..."

should read as

"... Given a simplicial mapping of a 2-sphere S^2 into a contractible 2-complex K, is there necessarily a pair of adjacent 2-simplexes in S^2 which goes to the same simplex of K ..."

Would you please kindly correct for me this mistake in my ap-

---

plication form?

I am very sorry to cause so much trouble to you.

Sincerely yours,

San-dao Liao

6. 高等研究院致信廖山涛（1952年1月31日）

January 31, 1952

Dear Dr. Liao:

This is just to let you know that we have received both your application and your publications safely. They will be examined by the faculty in the near future.

Sincerely yours,

Secretary

School of Mathematics

7. 斯潘尼尔的推荐信（1952年1月29日）

January 29, 1952

Dear Deane:

I am writing on behalf of S.D. Liao who has applied for an Institute stipend for next year. Liao is just finishing work here for his doctorate and interested in continuing his research work in Princeton. He has already published three or four short papers and has another coming out soon in which he proves a conjecture of Smith on periodic transformations.

Liao's dissertation will apparently be on the homology theory of fibre bundles. He has found formulas for the secondary obstruction in sphere bundles and is continuing to study the secondary obstruction in more general cases.

He is a hard worker and has a lot of ability. He is independent and quite original. He has been in this country two years, but his English is still no too good. He is rather shy, and this together with his language difficulties would make it impossible for him to get a teaching job at the present time. It is also impossible for him to return to China now.

Liao has clearly demonstrated his mathematical ability and I wholeheartedly recommend him for an Institute stipend.

Sincerely yours,

E. Spanier

8. 陈省身的推荐信（1952年2月6日）

February 6, 1952

Dear Deane:

Mr. San-Dao Liao has applied for a stipend for 1952-53 and asked me to write you. I understand that Spanier has written you a recommendation and I saw your answer. I am glad to know that you think his chance is good in the long run. He was my assistant in China and has a sound foundation in algebraic topology. Recently, he is doing some work on the secondary obstructions of sphere bundles. This will be the subject of his thesis for the Ph.D. degree at this University, which he is expected to get in summer. Last year he wrote a paper on periodic transformations, solving a problem of P. A. Smith, which will appear in the Annals. I have no doubt that he has abilities.

There are some other considerations which make his situation rather unfavorable. Because of the uncertainties of his thesis, on which he got the main ideas only recently, he has not applied for other postdoctoral fellowships. His English is still far from being fluent, although he did give talks in our seminars. This makes it hard for him to get teaching positions. His present intention is to stay here for one or two more years, and eventually to return to China. The latter course is in fact not possible for the moment, because it is the current policy of the State Department not to allow Chinese students in science return to China.

Sincerely yours,

S. S. Chern

9. 高等研究院致信陈省身 （1952年2月11日）

February 11, 1952

Dear Chern:

Thank you very much for your letter about Liao. I would expect that his chances would be fairly good in the long run but, as I told Spanier, things for next year are fairly tight. Most of our grants have already been decided and there are a number of strong candidates for the few that remain.

Sincerely yours,

Deane Montgomery

10. 麦克莱恩的推荐信（1952年3月19日）

March 19, 1952

Dear Marston:

Mr. S. D. Liao tells me that he is applying for a stipend at the Institute for next year. Liao is a Chinese student, with a lively interest in all phases of algebraic topology. He has several published papers to his credit. He still depends a little on the counsel of others in his choice of problems, but in other respects he is already quite mature. His work is done rapidly, and displays marked ingenuity and considerable imagination, given suitable encouragement （and this he does need） he will make real contributions.

...

Cordially,

Saunders MacLane

11. 斯廷罗德的推荐信（1952年3月19日）

March 19, 1952

Dear Deane:

S. D. Liao of the University of Chicago is applying for a grant from the Institute for Advanced Study, and Chern has asked me to write this letter in support of his application.

I am not personally acquainted with Liao; but I have perused four of his published papers, and two manuscripts. The published papers are modest works of good quality; and are certainly very good for a predoctoral student. They are short and diversified, and they demonstrate a wide acquaintance with the various aspects of topology. The Annals has accepted for publication a paper by Liao on periodic transformations of a homology sphere. He improves on results of Paul Smith concerning the dimension of the set of fixed points. Although perhaps not very important, the results are quite deep.

Liao has sent me a copy of his thesis. The principal result is a formula giving the variation in the secondary obstruction to the cross-sectioning of a sphere bundle. It is an important result since it is an essential step in the development of a general theory of obstructions. The formula is relatively complicated, and is not the one I would have guessed. I am therefore much impressed by the depth of his insight.

It is my opinion that Liao gives promise of being at least as strong a mathematician as Wang or Hu, and may very well surpass both.

Sincerely yours,

Norman E. Steenrod

12. 高等研究院致信麦克莱恩（1952年3月27日）

March 27, 1952

Dear Professor MacLane:

On behalf of Professor Morse and the rest of the School of Mathematics Faculty, I should like to acknowledge receipt of, and thank you for the letter you have written in support of the application of Mr. S. D. Liao.

Sincerely yours,

Secretary

School of Mathematics

13. 高等研究院致信廖山涛（1952年5月7日）

May 7, 1952

Dear Dr. Liao:

The School of Mathematics has voted to make you a grant–in–aid of \$3,500 for research at the Institute for Advanced Study during the academic year 1952–53. You have an interest in the kind of mathematics which Leray, Whitney, and I believe others of us are at work on, and will make a welcome addition to our list of members. You will shortly receive a formal appointment as member of the Institute from the Director, Dr. Oppenheimer.

The Fall Term begins on September 29, 1952, and the Spring Term ends on April 10, 1953. The offices at the Institute are so over–crowded that it may be necessary to reserve a space for you to work in the Library. You should also know that the housing situation in Princeton is most critical, however if you want only one room this may be a little easier to arrange for you.

We shall look forward to having you with us in the Fall.

Sincerely yours,

Marston Morse

14. 高等研究院致信廖山涛（1952年5月9日）

May 9, 1952

Dear Dr. Liao:

On the recommendation of the Faculty of the School of Mathematics, I should like formally to offer you a membership in the Institute for Advanced Study for the academic year 1952–1953. We can make available to you a grant–in–aid of $3,500 to help defray the expenses of your travel and your sojourn in Princeton.

We all look forward with great pleasure to having you with us for a visit.

Sincerely yours,

Robert Oppenheimer

15. 廖山涛致信高等研究院（1952年5月13日）

May 13, 1952

Dear Professor Morse:

Thank you very much for your recent letter. It gives me great pleasure to have the opportunity to do research at the Institute for Advanced Study. I am expecting to be in Princeton before September 29, 1952, and, if possible, please kindly let me have a space in the Library and a bedding room.

Respectfully yours,

San Dao Liao

16. 高等研究院致信廖山涛（1952年5月19日）

May 19, 1952

Dear Dr. Liao:

We are in receipt of your letter of May 9, and Professor Morse has asked me to write you concerning housing. However, I am fairly certain that by the time you receive this note you will have heard from Mrs. Ruth Barnett on this subject. She will ask you to fill out an application, stating your needs, by which she can assist you in finding accommodations. As Professor Morse wrote you, if you want just one room it will not be so difficult to obtain as an apartment, which is practically impossible.

Sincerely yours,

Secretary

School of Mathematics

17. 高等研究院致信廖山涛（1953年2月6日）

February 6, 1953

Dear Dr. Liao:

On the recommendation of the Faculty of the School of Mathematics, I am pleased formally to offer you an extension of your membership in the Institute for Advanced Study through the academic year 1953–1954. We can make available to you a grant-in-aid of $3,500 to help defray the expenses of your sojourn in Princeton. We all look forward with great pleasure to having you with us again next year.

Sincerely yours,

Robert Oppenheimer

廖山涛年表

1920年1月4日，出生于湖南省衡山县。

1927年，进入家乡小学读初小。

1929年，进入衡山县白山小学读高小。

1932年上半年，进入湖南私立道南中学（今衡阳外国语学校）读初中。

1935年，顺利考入湖南省立长沙高级中学（今长沙一中）。

1938年，考入西南联合大学数学系。

1939—1940年，参加江泽涵在数学系组织的拓扑学讨论班。

1942年春节，与汪鸿仪在衡山举行婚礼。

1942年春，从西南联大肄业，到云南呈贡县中山中学任教。3个月后返回衡山，不久到明德中学任教。

1943年夏，返回昆明，与江泽坚一同到西山华亭寺自学拓扑。

1944年，在昆明东郊的私立金江中学任教。

1946年，被江泽涵聘请到北京大学数学系担任助教。

1947年暑假，受陈省身邀请到中央研究院数学研究所工作。半年后，随中研院数学所从上海迁到南京九华山。

1948年10月，在南京举办的十学术团体年会上做学术报告。

1949年2月，随中央研究院数学研究所一同迁往台湾。不久后来到台北，兼任台湾大学讲师。

1950年，离开台湾到芝加哥大学跟随陈省身攻读博士。

1951年，推广了史密斯的周期变换不动点的定理。

1952年，完成博士论文《纤维丛的阻碍理论》并通过答辩。

1952-1953年，被普林斯顿高等研究院聘为访问成员。

1953-1954年，再度被普林斯顿高等研究院聘为访问成员。

1954-1955年，在普林斯顿大学数学系任"访问博士后研究员"。

1955年，获得芝加哥大学博士学位。同年9月，离开普林斯顿，到俄克拉荷马州农机学院数学系任教。

1956年4月3日，从旧金山登上威尔逊总统号客轮后，于4月30日顺利回到祖国。

1956年7月，正式到北京大学数学力学系任教，与妻子汪鸿仪及两个孩子团聚。之后一直居住在北京大学在蔚秀园中的一个小院中，直至1983年。

1956年9月26日，完成对吴文俊申请中科院科学奖金的审查工作，"助攻"吴文俊获一等奖。

1957年春，在北京大学数学力学系开设"同伦论"课程。

1959年，在北京大学举办的五四科学研讨会上，作"纤维丛理论及其应用中的几个问题"的综合报告。

1960年，跟随数力系56级与57级学生到湖北省蒲圻县（今赤壁市）陆水大坝工地去搞"教学、科研、劳动生产"三结合。返回北京后，精心编写了一本同伦论的讲义《同伦论基础》。

20世纪60年代初，由拓扑学转向微分动力系统。

1963年，在《北京大学学报》发表连载论文，奠定了微分遍历论的基础。

1969年秋冬之际，下放到江西鲤鱼洲。一年后返回北京。

1974年，在《数学学报》发表连载论文《典范方程组》，系统阐述了这一方法。

1976年，在《数学学报》发表《阻碍集与强匀断条件》，提纲挈领式地提出独创的阻碍集方法。

1978年8月26日，参加在青岛召开的全国常微分方程会议并作报告。同年与张芷芬、丁同仁合作在北京大学组织了全国第一个微分动力系统的讨论班。

1978年，国家恢复研究生制度，招收张筑生、欧阳奕孺与文兰3位研究生。

1979年，与吴文俊一同受邀赴美参加加州伯克利大学为陈省身举行的盛大的微分几何会议。会议期间，见到了神交已久的斯梅尔。

1980年，在中国《数学年刊》创刊号发表《关于稳定性推测》，在世界范围内引起震动。

1980年暑假，接受河北师范大学陈藻平邀请，与张芷芬、丁同仁一起参加了动力系统的小型讲习交流活动。

1981年，指导的研究生张筑生、欧阳奕孺与文兰顺利毕业，获得硕士学位。

1981年10月，在浙江杭州组织"全国流形上动力体系学术讨论会"。同年利用阻碍集理论得到了稳定性推测的一个等价命题，以"阻碍集II"为题发表在《北京大学学报》。

1982年，以"微分动力体系"的研究成果获得国家自然科学二等奖。

1983年，担任在北京召开的第四届微分几何与微分方程国际讨论会（简称DD4）的组织委员会主席。同年，离开了居住27年的小院蔚秀园，迁入中关园43号楼。

1984年，进一步证明了四维无奇点常微系统与三维离散系统的稳定性猜测。

1986年2月22日，第三世界科学院通知廖山涛荣获该院首届数学奖。1986年10月26日，被第三世界科学院选举为该院院士，在ICTP上台领奖并作学术演讲。

1986年11月15日，北京大学为廖山涛举行了规模盛大的庆祝活动。

1987年，以"微分动力系统稳定性研究"的研究成果获得国家自然科学一等奖。

1991年，当选为中国科学院学部委员（院士）。

1992年，出版《微分动力系统的定性理论》，该书在1994年荣获首届国家图书奖。

1996年夏，与文兰在北京大学组织了规模庞大的国际动力系统会议。《微分动力系统的定性理论》英译本出版。

1997年6月5日晚，工作至生命最后一刻，于睡梦中去世。

人 名 索 引

阿蒂亚，82

艾伦伯格，21，37

爱因斯坦，32，89，101

安德罗诺夫，59-60，128-129

阿诺索夫，63，69，132

奥本海默，23，39

奥赛莱茨，67

白岩谦一，84

鲍城志，44，120

彼得森，8-9

波尔苏克，22，53

伯克霍夫，28，59

博特，61

程民德，14，68，91，105，111，119

陈建功，21，26

陈杰，20，24-26

陈景润，69，124

陈省身，2-3，13，19-24，28-31，33-39，41，49，51，56，68，82，95，119，122，144-145

陈藻平，76-78

邓汉英，12

迪厄多内，92

迪克森，28

丁石孙，97，123

丁同仁，72，78

董怀允，58

董镇喜，52，72，94，96，109-110，119

段学复，24，68

E.嘉当，56

冯康，3，60，92

冯·诺依曼，32

弗兰克斯，86，110，132，135

甘少波，74，109-113，121，126，138-139

H.嘉当，92

哈代，27

林修平，111，137

麦结华，54，79，81，134

麦克莱恩，28，34，37，39，146，148

马良，20

马涅，85-88，112-113，128，137-139

米尔诺，56

莫尔，28

莫尔斯，39，61-63

涅梅斯基，66，72

牛顿，59，134

帕里斯，3，52，62-63，68，83，110，132，136

庞加莱，34，56，59，128

庞特里亚金，49-50，59-60，128-129

佩肖托，61-63，83，128-133，136

皮尤，84，89，110

钱学森，2，43-44，50，90，98-101，121

丘成桐，3，82

塞弗特，14

萨拉姆，1-2，93，95-96

施雷发，14

史密斯，28-29，34-35，38，56

舒伯，79，84，110，132，137

后　记

　　2020年是廖山涛先生一百周年诞辰，北京大学于当年10月24日为廖先生举办了隆重的纪念会议。这次会议结束后不久，经与北京大学文兰院士商议，《数学文化》联合主编、北京师范大学－香港浸会大学联合国际学院汤涛院士推荐我在《数学文化》上写一下廖先生。我十分荣幸而又紧张地接受了这项写作任务。

　　说到荣幸，是因为我在河北师范大学数学科学学院读本科时便知道了廖先生的大名。跟随邓明立教授攻读数学史方向的研究生后，我又了解到母校的微分动力系统方向是在廖先生的关怀下建立起来的。邓老师在讲解中国现代数学的发展时曾不止一次提到廖先生，认为他的学术贡献尚未被广为人知与深刻理解。我还听邓老师讲过一则他自己与廖先生的故事：1992年6月，陈省身应邀到北京大学进行学术演讲，那时邓老师正在中国科学院数学研究所访问，也慕名前去听讲。进入北大后他一时未能找到会场地址，便询问旁边恰好经过的一位老先生，对方说跟着他走就行了。进入会场后邓老师才知道，原来这位先生就是著名数学家廖山涛！

　　说到紧张，是因为廖先生的主要研究领域为微分动力系统，对此我了解不多，甚至可以说是一无所知。这里我要特别感谢文兰院士，他不仅在疫情防控期间接受了我的两次采访，还多次邮件回答我提出的各种问题。在他的详细讲解下，我慢慢了解到微分动力系统的发展历程与廖先生的独特贡献。然而由于廖先生去世较早，几乎没有任何口述资料留下。再加上他生前过于低调，有关他的介绍与报道也极少。这些都为撰写廖先生带来了巨大的困难。

幸赖有北京大学数学科学学院的全力支持，我得以陆续联系与采访到廖先生的家属：二子廖章林、三子廖秀北、堂弟廖积熙、堂侄廖理。接受我采访的还有北京大学张恭庆院士、董镇喜教授、孙文祥教授、甘少波教授，清华大学唐云教授，广西财经大学麦结华教授，河北师范大学何连法教授等人。廖章林、廖秀北、文兰、董镇喜、甘少波、吴明静、何连法等提供了部分宝贵的原始档案资料与照片。中国科学院自然科学史研究所潘澍原博士帮忙搜集、解读了衡山廖氏家谱。在写作过程中，文兰院士、汤涛院士、邓明立教授始终给予我支持与鼓励，对此我十分感激。

文章写作完成后发表在《数学文化》第12卷第3-4期（2021年），出版后反响较好。部分数学家私下里给出了积极的评价：

> 王涛老师好！刚读了王老师撰写的廖先生传记，翔实、精彩，彰显了一代宗师的卓越贡献与高尚品德，谢谢王老师，辛苦了，为中国数学界做了一件好事！（北京大学董镇喜教授）
>
> 王涛，你写的关于廖山涛先生的文章，我觉得

像写论文一样，收集和查阅了大量的资料、图片、文献，凡有引用的地方都严谨地注明出处。涉及的数学术语，需要在文中解释介绍的，你都能准确理解介绍。文笔流畅，篇幅颇长，你可能不只是花费了许多时间，而且有高的工作效率。（广西财经大学麦结华教授）

王涛，你好！你撰写的纪念廖山涛先生的大作已详细阅读，非常好！文章写得细腻，生动，感人，廖先生的高尚品格和顽强拼搏的治学精神跃然纸上，读后激动不已。廖先生是中国数学界的泰山北斗，是大家学习的榜样，极值得大书特书！你为数学界做了一件大好事！一年多来，你为此辛劳，不容易。祝贺你的成功！我已转发到大学同学群里，受到一致赞誉。（河北师范大学何连法教授）

除此以外，还有其他读者以多种方式对此文表示了支持，部分人询问是否有出版成著作的计划。考虑到学术界至今仍没有一本廖山涛先生的传记问世，加上多位数学家的鼓励，同时为了让更多的读者了解到廖山涛先生的事迹与精神，我终于鼓起勇气将文章扩充整理成一部书稿。书稿在整理与出版过程中得到了中国科学院青年创新促进会项目（2021148）与国家自然科学基金（12171137，11801553）的支持，特此致谢。

文兰院士、汤涛院士倾情为本书作序，这是对我的极大鼓励，也是我的极大荣誉。感谢北京大学姜伯驹院士、张恭庆院士，中国科学院自然科学史研究所刘钝研究员，美国南密西西比大学丁玖教授，他们为本书撰写了热情洋溢的推荐语。特别是姜伯驹院士与文兰院士，帮我订正了书稿中的许多笔误与错谬；姜伯驹院士还手把手地教我如何在 LaTeX 里正确地敲出代数拓扑中的上积符号，对此我将永远铭记于心。

感谢河北教育出版社的领导和编辑，没有他们的大力支持与帮助，本书是不可能问世的。最后要说的是，这部小书只是廖山涛先生的简传，期待将来有机会将其扩展为一部体量更为丰富的著作。

王涛

2023 年 8 月